アクロス福岡文化誌10

福岡県歴史散歩

アクロス福岡文化誌
編纂委員会編

海鳥社

はじめに

アクロス福岡文化誌編纂委員会

先人たちが築いてきた文化遺産や風土——〃ふるさとの宝物〃を再発見し、後世に伝えていくことを目的に刊行してきた「アクロス福岡文化誌」シリーズも通算十巻目となりました。今回のテーマは「歴史散歩」です。

これまでアクロス福岡文化誌シリーズで紹介してきましたように、福岡県には遙か古代から続く悠久の歴史があり、それにまつわる貴重な歴史・文化遺産が数多く残されています。本書では県内の三十三のエリアを取り上げ、各地の固有の歴史と文化、その痕跡である史跡や文化財、周辺の見所をわかりやすく紹介しました。また、実際に現地を歩く際の参考となるよう、案内地図やモデルコースなども盛り込みました。

最近では、地元の歴史散策を楽しむ人たちに加え、文化観光（カルチャーツーリズム）として、城や寺社、古い町並みなどを巡り、祭りや食文化（和食・郷土料理）などの伝統的な日本文化を体験する目的で日本を訪れる外国人観光客も増えています。本書が、ふるさとを散策・案内する際の参考書として、皆

本扉写真：朝倉市秋月の野鳥川（岩永豊氏撮影）

さんの〝旅のお供〟になれば幸いです。

これまで〝ふるさとの宝物〟を幅広く紹介してきたアクロス福岡文化誌シリーズは、この第十巻をもちまして完結することとなりました。これまで、各巻の執筆者をはじめ、資料や写真を提供してくださった各地の教育委員会や博物館・資料館など、多くの方々にご協力いただきました。また、読者の方々からは激励や貴重なご意見を多々いただきました。改めて皆様に感謝を申し上げます。

福岡県は、玄界灘、響灘・周防灘、有明海と三方を海に囲まれています。そして東に英彦山地、西に脊振山地、南に耳納山地や筑肥山地、中央部に三郡山地などが聳え立ち、それらを水源とする筑後川、矢部川、遠賀川をはじめ多くの河川が土地を潤しています。このように豊かな自然の中、多様な地域文化が育まれてきました。さらに、この地は古くより海外交流の窓口であり、外来文化が流入することによって、さらに豊かな文化が醸成され、花開きました。

文化は、無限の可能性を秘めています。ふるさとの文化が、人々の心と心をつなぎ、地域資源として有効活用され、社会や生活を豊かにする「文化力」として将来に継承されていくことを心から願います。

目次

14
苅田北九州空港
16
貫山
周防灘
行橋
みやこ豊津
17
椎田
豊前
求菩提山
東九州道
24
英彦山
大分県
大分道

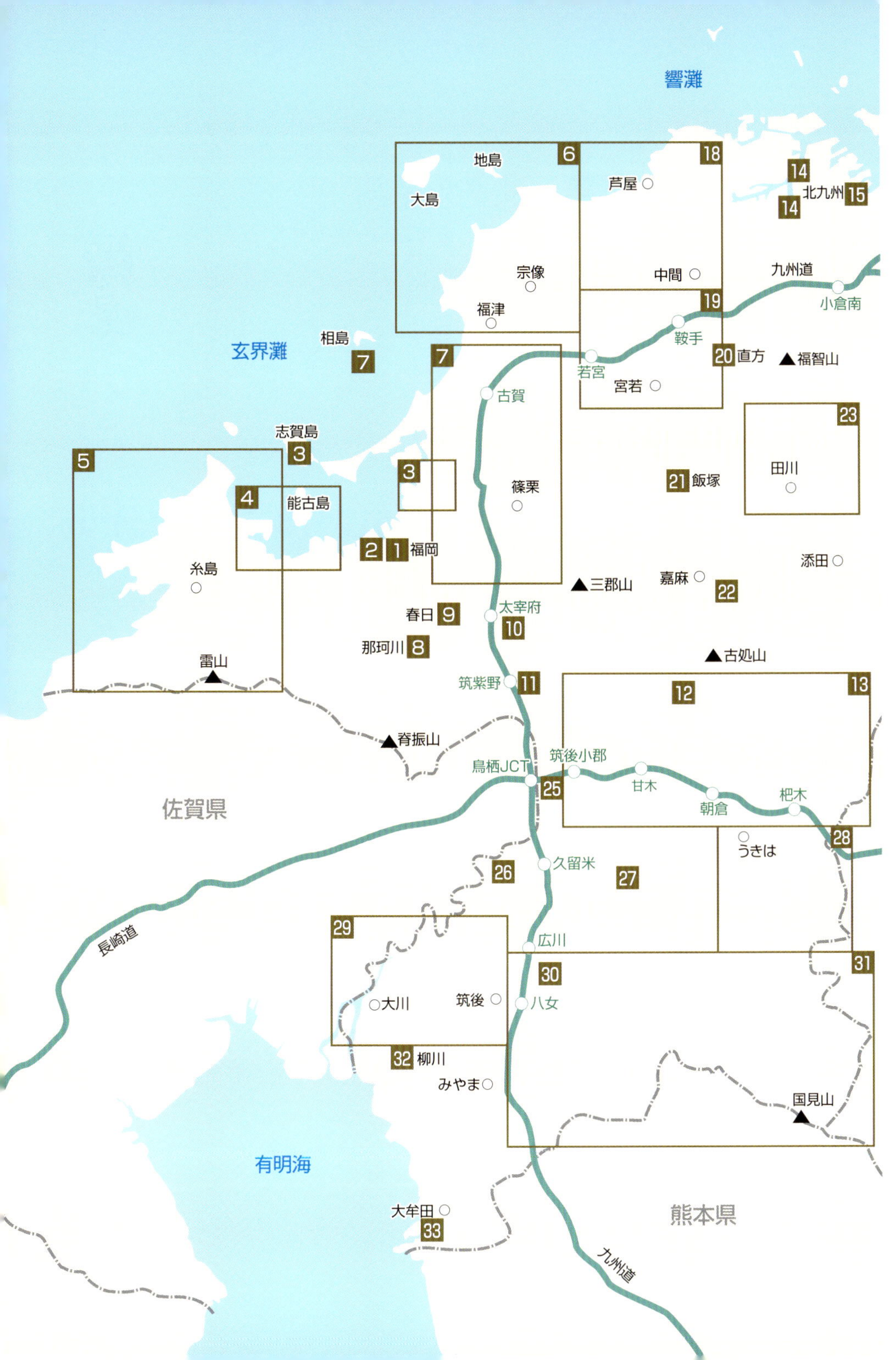
響灘
6
地島
大島
宗像
福津
18
芦屋
中間
14
北九州
15
14
九州道
小倉南
19
鞍手
20
直方
福智山
玄界灘
相島
7
7
若宮
宮若
古賀
志賀島
3
5
4
能古島
3
篠栗
23
田川
21
飯塚
2
1
福岡
糸島
添田
三郡山
嘉麻
22
春日
9
太宰府
10
那珂川
8
古処山
雷山
筑紫野
11
12
13
脊振山
筑後小郡
鳥栖JCT
25
甘木
朝倉
杷木
佐賀県
28
うきは
26
久留米
27
長崎道
29
広川
30
31
大川
筑後
八女
32
柳川
みやま
国見山
有明海
大牟田
33
熊本県
九州道

1 博多の古刹と名社

福岡市博多区

企業や官公庁、駅や商業施設、そしてその周辺に住宅が稠密《ちゅうみつ》に建ち並ぶ現代博多の都市景観を知る私たちにとって、過去の博多の町の景色を具体的に想像することはなかなかに難しい。しかし当然ながら、都市博多の景観や領域は歴史的な変遷を経て形成されたものであって、古い時代から一貫して現代と同様の規模の町が存在し続けているわけではない。

　博多の中心部は旧比恵《ひえ》川（御笠《みかさ》川）と那珂川の河口部に形成された三つの砂丘上に立地する。砂丘上ではすでに弥生時代に集落が営まれ、古代には何らかの官衙《かんが》施設が置かれたことが発掘調査の成果より明らかになっている。特に大宰府鴻臚館《こうろかん》が衰退した十一世紀中葉以降、我が国と大陸との交易の中心はこの地に移り、中世の博多は国際貿易都市として著しく発展した。中世の都市博多は陸側の砂丘上に発展した町場（通称「博多浜」）と海側の砂丘上に発展した町場（「息浜《おきのはま》」）の二つのブロックからなり、両者は十二世紀初めに現在の呉服町交差点付近に形成された陸橋状の地形により接続された。博多浜は現在の明治通りより内陸に、息浜はおおよそ現在の昭和通りに沿って展開し、明治通り沿いには低湿地帯が入り込んでいたため、中世の博多は全体としてヒョウタン状の地形を呈した。

　都市域の南西側は入り海、後には那珂川の支流である博多川によって区切られていた。また、元来陸続きであった北東側は十六世紀後期に開削された石《いし》堂《どう》川（御笠川）によって区画された。石堂川開削まで那珂川の河口に流れ込んでいた旧比恵川の流路は、同じ十六世紀後期に濠（「房州堀《ぼうしゅうぼり》」）として整

承天寺方丈（本堂）と枯山水の洗濤庭（せんとうてい）

備され、博多の南側を区切る境界となった。この領域がおおよそ前近代の都市博多の範囲である。戦国時代に何度も戦火に遭った博多の町は、十六世紀末の豊臣政権による再整備（「太閤町割り」）を経てさらに発展した。なお北側の海浜は中世から近世にかけて次第に後退し、近代の築港建設や戦後の埋め立てを経て現代の海岸線に至っている。

　このように前近代以来多くの人間が集住した都市としての歴史を反映し、博多には古くから人々の信仰を集めた多くの著名な寺院や神社が存在する。博多駅を起点に歩みを進めよう。

承天寺《じょうてんじ》

　大博通りを呉服町方面へ向かい、博多区役所入口の交差点で出来町通りへ右折する。この通りがおおよそ「房州堀」の外縁に当たっている。承天寺通りとの交差点を左折して進むと、通りを挟んで左右に承天寺の境内が広がっている。

　万松山《ばんしょうざん》承天寺は臨済宗東福寺派に属し、聖福寺《しょうふくじ》と並んで博多で最も歴史ある禅宗寺院の一つである。承天寺は博多が宋との貿易で栄えた鎌倉時代の仁治三（一二四二）年に、鎌倉幕府御家人の武藤（少弐《しょうに》）資頼《すけより》や、博多に居住する宋人商人・謝国明《しゃこくめい》の後援を受け、宋から帰国したばかりの円爾《えんに》（聖《しょう》一国師《いちこくし》）を開山に迎えて創建された。通り右手の通用門をくぐると、境内には方丈《ほうじょう》、開山堂、庫裏《くり》などの禅宗寺院建築が建ち並んでいる。また円爾が帰国の際に宋より諸職人を伴ってきたという伝承に基づき、境内には博多織や饅頭、饂飩《うどん》・蕎麦の発祥の地を顕彰する記念碑が建てられている。通り左手も同じく承天寺の境内であり、仏殿や鐘楼、総門などの建造物が存在する。

妙楽寺《みょうらくじ》

　承天寺の総門をくぐり抜けると、目の前の通りが旧東町筋（御供所《ごくしょ》通り）である。江戸時代のこの通りは博多を縦に貫くメインストリートの一つだった。旧東町筋を呉服町方面へ向かい、辻《つじ》の堂《どう》通りを横断してなお進むと、右手に妙楽寺の山門が見える。

　石城山妙楽寺は臨済宗大徳寺派に属する寺院である。寺伝によれば、鎌倉

妙楽寺。かつては息浜にあり、遣明使一行も宿泊したという

時代の正和五（一三一六）年に息浜に庵が営まれたのを起源とするという。山号は当時の境内地に元寇防塁が築かれていたことにちなむと伝わる。中世には日本と中国を往来する多くの禅僧や使節が滞在するなど対外交流の拠点として繁栄したが、戦国時代末に至って衰退した。江戸時代に入り、黒田長政の命令によって現在の境内地に再興されたという。境内奥の墓地には戦国時代末から江戸時代初めにかけての博多商人として著名な神屋宗湛《そうたん》の墓などが建てられている。

■聖福寺

旧東町筋をさらに進むと右手に聖福寺の総門が見える。安国山聖福寺は臨済宗妙心寺派に属する寺院である。建久六（一一九五）年に二度目の入宋を終えて帰国した栄西（千光国師）が、博多に滞在する宋人の建てた「博多百堂」の跡地に寺院を建立したのが草創であると伝わる。我が国における最初の本格的な中国風禅宗寺院として、後鳥羽院より「扶桑最初禅窟《ふそうさいしょぜんくつ》」の勅額を与えられたという。以後、聖福寺は博多を支配する歴代領主の崇敬を受けて発展し、また中世には多くの寺僧が対外交流の担い手として活躍した。境内には山門、仏殿、その奥に方丈や庫裏、左奥には開山堂などの建造物を見ることができる。塔頭《たっちゅう》などの寺院に囲まれた聖福寺の境内は、博多の中でも特に閑寂な寺内町の景観をつくり出している。また聖福寺境内北側の普賢堂《ふげんどう》通りは太閤町割り以前の中世博多の街区が残る区画として知られている。

普賢堂通りの景観。太閤町割り以前の古い街区が残る

■東長寺

旧東町筋を聖福寺境内と反対側に折れ、大博通りまで出ると左手、博多駅の方向すぐに東長寺の山門が見える。

　南岳山東長寺は真言宗の寺院である。寺伝によれば、大同元（八〇六）年に唐より帰国した空海（弘法大師）が博多の海辺に寺院を建立したのが草創であるという。当初の寺院境内は息浜に存在し、また「大師堂」とも呼ばれて繁栄したが、やはり中世末期には衰退した。江戸時代に入り、福岡藩二代藩主の黒田忠之《ただゆき》が真言宗に帰依したことによって、現在の寺地に再興された。境内には本堂、近年建立された五重塔、六角堂などの建造物が存在する。また境内左奥には黒田忠之、福岡藩三代藩主・黒田光之、同八代藩主・黒田治高《はるたか》の墓碑である巨大な五輪塔を見ることができる。

東長寺山門と六角堂（左奥）

■櫛田神社・「博多町家」ふるさと館

　東長寺門前から大博通りの反対側を眺めると鳥居が見える。大博通りを横断し、鳥居をくぐって直進すると正面奥に見えてくるのが、古来博多住人の信仰を集めた櫛田神社である。なお櫛田神社の手前右側には、博多の伝統的な生活・文化を紹介する展示施設である「博多町家」ふるさと館がある。伝統的工芸品の博多織や博多人形のほか、博多張子《はりこ》、博多独楽《こま》、博多曲物《まげもの》が展示されており、時間が合えば製作の様子を見ることができる。

　櫛田神社は中殿に櫛田社、左殿に天照大神宮、右殿に祇園社を祀り、社伝

「博多町家」ふるさと館。中心部の町家棟は、明治中期に建てられた博多織織元の住居兼工房を移築復元したもの

櫛田神社。「お櫛田さん」の愛称で広く市民に親しまれている

によれば天平宝字元（七五七）年の創建であるという。中世には北条氏、足利氏、大内氏や大友氏といった博多を支配した歴代武家の崇敬を受け、また近世には博多津中の産神《うぶがみ》として信仰された。現在毎年七月一日から十五日にかけて行われる博多祇園山笠行事は中世以来、当社祇園社の祭礼として行われてきた行事である。境内では常設の飾り山笠を目にすることができる。

櫛田神社から国体道路に出れば、バスで博多駅方面にも天神方面にも向かうことができる。また川端商店街を抜ければ、中洲川端駅から地下鉄に乗車することもできる。

周辺の見所

■崇福寺《そうふくじ》

横岳山《おうがくざん》崇福寺は臨済宗大徳寺派の寺院である。鎌倉時代の創建以来大宰府横岳の地に存在したが戦国時代に衰退し、慶長年間（一五九六－一六一五）に黒田長政の命令によって現在地に移転した。山門は旧福岡城本丸の表御門で大正七（一九一八）年に移築された。また寺院の背後には黒田孝高《よしたか》（如水《じょすい》）、長政以下が葬られた福岡藩主黒田家墓所が存在する。

崇福寺山門。福岡城本丸の表御門を移築したもの

■川端《かわばた》飢人《うえにん》地蔵《じぞう》

博多川左岸、国体道路の中洲新橋の交差点から川沿いを河口に向かって進んだ所にあるお堂の中に飢人地蔵が祀られている。江戸時代の「享保の飢饉」の犠牲者の供養のために建立されたと伝わる。毎年八月二十三・二十四

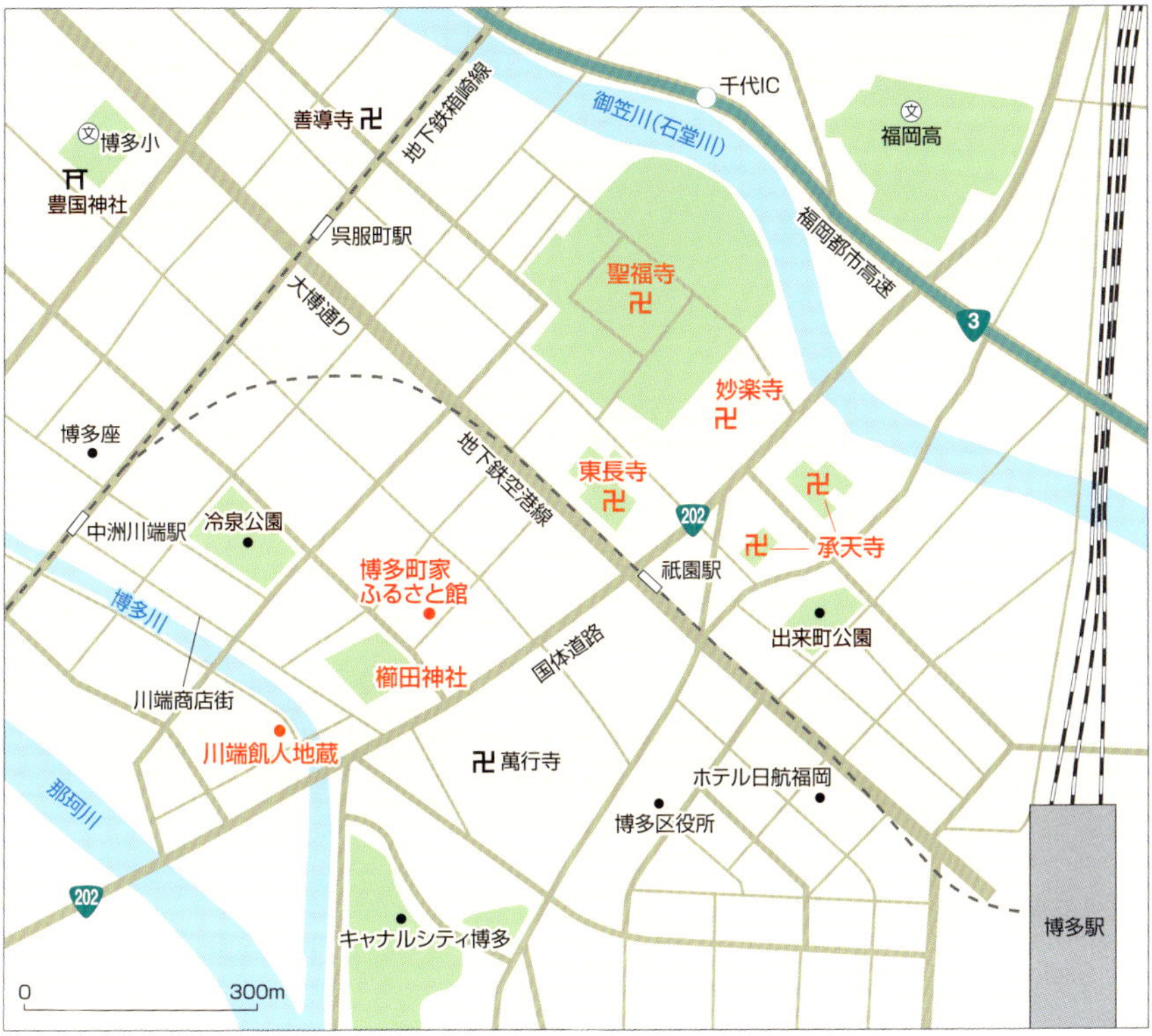

モデルコース（所要時間：約3時間）
JR・地下鉄空港線博多駅［徒歩10分］承天寺［徒歩5分］妙楽寺［徒歩1分］聖福寺［徒歩5分］東長寺［徒歩5分］「博多町家」ふるさと館［徒歩1分］櫛田神社［徒歩15分］JR・地下鉄空港線博多駅

日の両日に地域住民の手によって盛大な祭礼が行われている。

＊

福岡市は、福岡市内の歴史町歩きを気軽に楽しむためのスマートフォンアプリ「福岡歴史なび」を無料配信している（詳細はホームページ「福岡市の文化財」参照）。ルートや周辺情報を表示するほか、普段は非公開の文化財を画面上で見ることもできる。［水野］

川端飢人地蔵の夏祭り。提灯が奉納され、灯籠流しも行われる

2 福岡城・城下町めぐり

福岡市中央区

一五〇万都市・福岡の中心部に広がる広大な緑の空間、それが福岡城跡（舞鶴公園）である。

福岡城は、関ケ原合戦の後、筑前五十二万石を与えられた黒田家（孝高《よしたか》〔如水《じょすい》〕・長政）が慶長六（一六〇一）年から七年の歳月をかけて築いた日本屈指の名城である。しかし廃城後に重ねられた歳月により、今では石垣のほかわずかな櫓《やぐら》、門が残るのみで、市民にもその威容が十分に知られているとはいえない。

福岡城は大休山《おおやすみやま》（今の南公園付近）から博多湾に向かって延びる丘陵の先端部を堀により切断し、最も高い南端部に本丸を置き、その前面に二の丸、三の丸を配置した梯郭《ていかく》式の平山城である。周囲は堀で囲まれ、特に西側は博多湾からの入江である草ケ江《くさがえ》を利用した大堀としている。今の大濠公園である。城内には四十七の櫓と本丸や三の丸の御殿、十カ所の門などの建物があった。城の北側（海側）には総構《そうがまえ》と呼ばれる城下町が広がり、西は室見《むろみ》川、東は御笠《みかさ》川に及び、博多部をも包摂《ほうせつ》し東西七・五kmに及ぶ。孝高父子は初め名島城に入るが、城下町が手狭なため他に適地を求め、福崎という場所を選んで、先祖にちなむ地名である「福岡」と改めたのは有名な話である。福岡が選ばれた理由は、経済の中心地・博多に近いこと、城下町が広くとれることなどがあるが、この地に古代には鴻臚館《こうろかん》が置かれたことにより、ある程度造成が進んでいたことにもよるといわれている。

ここでは、福岡城の正門にあたる上《かみ》之橋御門《のはしごもん》から藩主の居所、藩政の中心

「福博惣絵図」（部分。福岡市博物館蔵）。正保3（1646）年に幕府へ提出された城絵図の控図

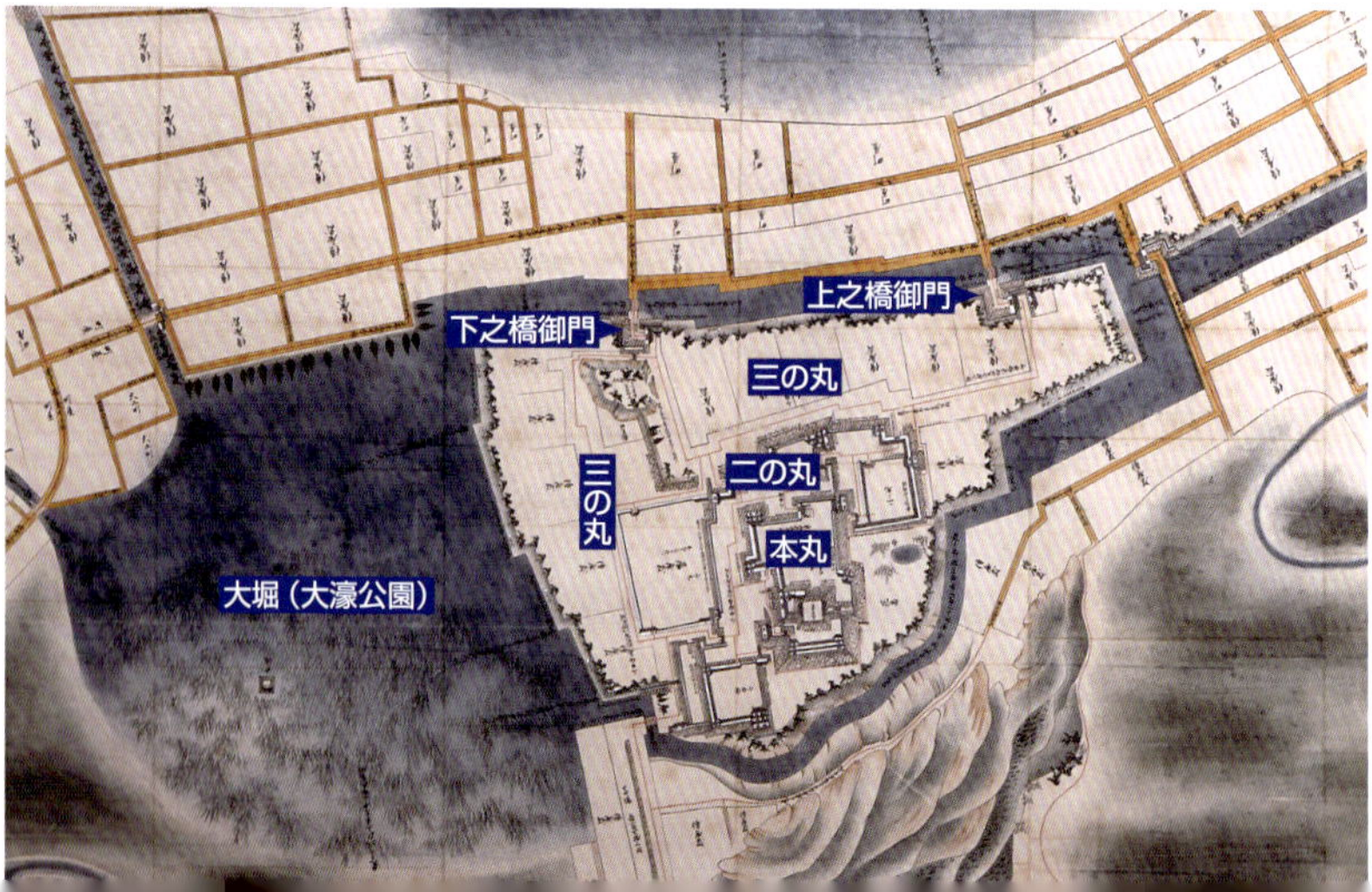

である本丸御殿へと歩みを進めながら、往時の福岡城の姿を偲ぶこととしたい。

上之橋御門

堀を渡り、福岡城内に入るための橋は三カ所しかない。北側に二カ所、南側に一カ所で、それぞれに門があり、ここをくぐって城内に入っていく。北側の上之橋御門、下之橋御門がいわば表門で、南側の追廻《おいまわし》門は裏口にあたる。中でも上之橋御門は城の正門である。ここから城内に入るには橋を渡ってまず左に直角に曲がり、門をくぐってさらに石垣に突き当たって右に曲がり、もう一度右に曲がることになる。このように複雑な入口を枡形《ますがた》といい、敵が一気に侵入できない工夫である。

上之橋御門の石垣は福岡西方沖地震で崩壊の危機に瀕し、平成二十四年から二十六年にかけて修復工事が行われた。なお現在では門跡の右手に公園への進入路が設けられている。

明治初期撮影の上之橋御門（福岡市博物館蔵）

鴻臚館跡・福岡城むかし探訪館

城内に入るとすぐに目につくのは鴻臚館跡である。かつての平和台球場跡地とその南側に広がっている。鴻臚館は古代の迎賓館で、ここで唐や新羅の使節をもてなし、宿泊させた。また、遣唐使や遣新羅使もここで風待ちを行い、出航していった。鴻臚館は七世紀の後半につくられ、十一世紀の前半まで約四百年間続いた。後半期には宋の商人が滞在し、珍貴な商品を交易する場となっていった。

鴻臚館跡の北西には福岡城むかし探訪館があり、福岡城と城下町に関する情報がわかりやすく展示されている。本丸へ上る前に立ち寄ることをお勧めする。

東御門・扇坂《おうぎさか》御門

鴻臚館跡の西側にある石垣と階段は東御門と呼ばれ、ここが二の丸への上り口である。東御門を上ると、南側には現在球技場がある。かつてはここに二の丸御殿が建っていた。この御殿は藩主の嗣子《しし》の居所であったが、六代藩主・継高《つぐたか》以降、黒田家は養嗣子が続き、住む者がいなくなったため寛政九（一七九七）年に取り壊された。二の丸御殿の南側（現野球場）は「水の手」と呼ばれ、湧水が豊富で、城内の飲料水を賄ったほか、御花畑（薬草園）や焔《えん》硝蔵《しょうぐら》（火薬庫）が置かれた。再び二の丸北側から、その名のとおり本来扇形の扇坂御門を上がると、南に本丸表御門の石段が見える。

天守台からの眺望（福岡市提供）

■本丸・天守台

本丸は現在では桜の名所であるが、近世には本丸御殿が置かれた所である。本丸御殿は藩主の居所であり、藩政の中心であった。しかし太平の世が続くと、城内最高所まで上る必要性が薄れ、三の丸に新たに御殿がつくられ、本丸の機能が移された。本丸は儀礼的な行事の際に用いられる象徴的な場となった。本丸の南には天守台の美しい石垣が聳えている。ここは福岡城築城時に最初に手掛けられた所である。従来、福岡城には天守はなかったというのが通説であったが、近年その存在を示す資料も出てきている。天守台の南には武具櫓と呼ばれる福岡城最大の櫓があった。東西の隅櫓《すみやぐら》は三階建て、これらをつなぐ多聞櫓《たもんやぐら》は二階建ての壮観であった。武具櫓は廃城まで存続し、その後浜の町にあった黒田家別邸に移築されたが、空襲で焼失した。しかし古写真など往時の資料が比較的多く残っており、将来の復元を目指している。

■南丸多聞櫓

本丸西側の裏御門跡から下りると二の丸西部である。この南端に南丸と呼ばれる区画があり、城内唯一の国指定重要文化財である多聞櫓が残されている。南丸は門が北側にしかない非常に閉鎖的な曲輪《くるわ》で、この立地を活かして、近世初期には長政の母・照福院《しょうふくいん》の居所、幕末期には「乙丑《いっちゅう》の獄」で捕らえられた勤王派藩士の獄舎として使われた。二の丸西部から桐の木坂、松の木坂のいずれかを下りてくると、再び三

幕末－明治期撮影の本丸御殿（上）と武具櫓（福岡市博物館蔵）

南丸多聞櫓（木下陽一氏撮影）

の丸である。

三の丸西部

三の丸西部には歴史的建造物が多い。移築も含めると下之橋御門、伝潮見櫓（移築）、旧母里太兵衛《もりたへえ》邸長屋門（移築）、名島門（移築）などである。原位置でないものが多いが、雰囲気を感じられる一帯といえる。名島門の近くにはガイダンスと休憩所を兼ねた「三の丸スクエア」がある。ここで一休みしながら福岡城、鴻臚館のおさらいもよいだろう。現在西の丸広場として親しまれている場所は、先述した三の丸御殿があった所である。三の丸の西北隅には潮見櫓（伝潮見櫓とは別）があり、その西側には大堀が広がっていた。大堀と城内は今も残る土塁によって隔てられていた。

大濠公園

　大濠公園は福岡城の西側に入江を利用して設けられた堀である。福岡県により昭和四年に公園として整備され、今日まで市民に親しまれている。ジョギングやウォーキングでの利用のイメージが強いが、園内には福岡市美術館や大濠能楽堂など文化施設も備えている。現在福岡県と福岡市で、大濠公園と舞鶴公園を一体化して整備しようというセントラルパーク構想が進められている。

周辺の見所

福岡城跡の周囲は早くから都市化が進み、城下街の雰囲気を味わうことは

下之橋御門と伝潮見櫓（斎藤英章氏撮影）

困難であるが、丹念に見て歩くと、当時の面影を残す場所が随所に残っている。紙幅の関係で多くは紹介できないが、いくつか見ていきたい。

右：アクロス福岡横の石垣は枡形門から続いていたもの／下：旧福岡県公会堂貴賓館（福岡市提供）

西公園

西公園は海に突き出た荒津山の上にある。現在は桜の名所として、また如水・長政親子を祀る光雲《てるも》神社によって知られているが、近世には東照宮があり、御神体として徳川家康の木像を祀っていた。

鳥飼《とりかい》八幡宮・金龍寺

城下を東西に走るメインルートは唐津街道で、ほぼ現在の明治通りに重なる。このルート上にも城下の見所が散在している。明治通りから社殿が一際目立つ鳥飼八幡宮は、もと現在の南当《みなみとう》仁《じん》小学校の場所にあった。創建は神功皇后の頃と言い伝えられている古社である。慶長十三年、長政が別邸を建てるにあたり、現在の位置に移されたという。鳥飼八幡宮は警固《けご》神社と並んで東西の産土神《うぶすながみ》として信仰を集めた。

鳥飼八幡宮の西側に建つ金龍寺はもと荒津山にあり、東照宮の創建とともに現在地に移転した。この寺には旧跡が多く、貝原益軒《かいばらえきけん》の墓と銅像、また黒田二十五騎に名を連ねる衣笠因幡《きぬがさいなば》、林掃部《かもん》、吉田壱岐の墓などがある。鳥飼八幡宮、金龍寺から明治通りを挟んだ北側の唐人町の裏通りには寺院が立ち並び、城下町の雰囲気をわずかながらに今に伝えている。

ちょっと足をのばして

福岡城の東側は赤坂、大名、天神と福岡で最も都市化が進んだ地域である。こんな都心部にも歴史の重みを感じさせる場所が残されている。

天神中央公園

アクロス福岡から天神中央公園の那珂川沿いには石垣が残っている。これは昭和通りにあった枡形門から続く石垣で、福岡と博多を隔てていた。また公園の西中洲側には旧福岡県公会堂貴賓館がある。明治四十三（一九一〇）年に建てられた洋風建築で、昭和五十九年に国の重要文化財に指定された。

モデルコース（所要時間：約３時間）
地下鉄赤坂駅［徒歩６分］上之橋御門［徒歩７分］鴻臚館跡（展示館）［徒歩３分］福岡城むかし探訪館［徒歩10分］本丸・天守台・武具櫓［徒歩10分］下之橋御門［徒歩５分］三の丸スクエア［徒歩15分］大濠公園［徒歩20分］西公園［徒歩30分］鳥飼八幡宮［徒歩３分］金龍寺［徒歩７分］地下鉄西新駅

現在一般公開（有料）されている。

■赤煉瓦文化館

昭和通りの那珂川沿いに建つこの建物も重要文化財である。東京駅などで有名な辰野金吾《たつのきんご》の設計で、現在は福岡市文学館及び会議室として利用されている。

■水鏡《すいきょう》天満宮

もと今泉にあったが、長政が現在地に遷座し、二代藩主・忠之が社殿を再建した。天神の地名の由来となった神社である。鳥居扁額の「天満宮」の文字は幼少時の廣田弘毅《ひろたこうき》の書と伝わる。

［宮井］

ライトアップされた赤煉瓦文化館
（福岡市提供）

3 博多湾とその周辺 1

福岡市東区

博多湾東部の沿岸は、かつては今より入り組んだ地形をしていた。中でも多々良《たたら》川の河口は良好な港であった。博多湾の東に突き出るように延びる砂州、海の中道の先端には志賀島がある。志賀島は、海上交通の守護神とされ、万葉歌にも登場する美しい島である。博多湾の素晴らしい眺めとともに、深い歴史を秘めている。

天明四（一七八四）年、「漢委奴国《かんのわのなのこく》王《おう》」の金印が志賀島で発見された。福岡藩の儒学者・亀井南冥《なんめい》は、この金印が西暦五七年に後漢から与えられた金印であることを指摘し、金印の価値と保護に奔走した。その後金印は黒田家で保管され、現在は国宝として福岡市博物館に展示されている。

香椎から箱崎にかけてのかつての沿岸部には、中世には多くの海商たちが居住したと伝えられ、香椎宮や筥崎宮など、対外交流と深く関わる寺社がある。

■香椎宮

西鉄香椎駅から大鳥居をくぐり、大樟の並木道を行くと香椎宮が鎮座している。「香椎造」と呼ばれる独特の建築様式の社殿は重要文化財に指定されている。社伝によると、神功皇后の夫・仲哀天皇が熊襲《くまそ》討伐の途中で崩御し、この地に祀られたという。古代より朝廷からの勅使が下されるなど、天皇家との縁も深い。境内やその周辺には神功皇后が挿した杉の枝が成長したと伝えられる綾杉《あやすぎ》など、神功皇后ゆかりの伝説が多く残っている。

■筥崎宮

福岡市東区箱崎付近は、かつて箱崎津と呼ばれる良好な湾で、博多とともに対外交流の要所であった。筥崎宮は、一一〇〇年前、延長元（九二三）年に飯塚市の大分《だいぶ》八幡宮から遷座したといわれる。中世には石清水《いわしみず》八幡宮の別宮

香椎宮拝殿

であった。平安時代後期から鎌倉時代にかけては、大陸に渡った高僧・円爾《えんに》（聖一国師《しょういちこくし》）や、博多綱首・謝国明《しゃこくめい》ら中国人の海商たちとの結びつきを強めていった。文永の役では戦火に遭い、焼失した。現在の本殿と拝殿は大内義《よし》隆《たか》による再建、楼門は小早川隆景《たかかげ》による再建である。また旧唐津街道に面して建つ、堂々とした一の鳥居は黒田長政が建立したものである。これらは重要文化財に指定されている。

筥崎宮の一の鳥居と楼門

名島城

多々良川の河口に位置する名島城は、博多湾に浮かぶ丘陵を利用して築かれ、南を除く三方を海に囲まれた城郭であった。戦国時代の名将・小早川隆景の居城で知られる名島城であるが、もともとは立花城主・立花鑑載《あきとし》が築いた、立花城の支城であった。隆景の入城後は豊臣秀吉の朝鮮出兵の際の後方支援の基地としても大きな役割を果たした。

名島城址公園となっている名島城跡。遺構は石垣などごくわずか

黒田長政の入城後、新たに福岡城がつくられ、名島城の石垣や資材は福岡城の建材として転用された。崇福寺《そうふくじ》（博多区千代町）の境内の唐門、福岡城跡の名島門は名島城のものと伝えられる。戦国時代から近世への過渡期に福岡の中心として重要な役割を果たした城である。

周辺の見所

香椎宮周辺と報恩寺

香椎宮境内やその周辺には、三百年の長寿であったといわれる武内宿禰《すくね》を祀った武内神社や、古宮跡の御神木「棺《かん》かけの椎《しい》」、名水百選にも選ばれた不老水などがある。

また日本最初の禅寺ともいわれる報恩寺が隣接している。栄西が建久三（一一九二）年に、中国の五大山の菩提樹を植えた場所に建立したと伝えら

左：恵光院の層塔。中国・南宋時代のものと考えられる／右：報恩寺

れる。現存する菩提樹は、奈良の東大寺へ株分けしたものを再び株分けして植樹したものである。

■筥崎宮周辺と恵光院《えこういん》

筥崎宮の参道は一直線に海に向かっている。箱崎の浜では、博多祇園山笠の清めの砂をとる神事「お汐井《しおい》とり」が行われる。かつて箱崎の浜は千代の松原と美しい砂浜が続く聖地であった。

参道に隣接する恵光院は、福岡藩二代藩主・黒田忠之《ただゆき》を開基として建立された。筥崎宮と密接な関係を持ち、灯籠堂の秘仏十一面観音像や、境内の高さ三mを超す層塔など、大陸由来の中世石造物がある。

ちょっと足をのばして

■志賀島

志賀島に入ってすぐの小高い丘に志《し》賀海《かうみ》神社が鎮座する。志賀海神社は、古くより「龍宮」と見立てられ、一三〇〇年以上の歴史を持つ。古くは阿曇《あずみ》族、中世以降は大内氏、小早川氏、黒田氏と歴代の領主の庇護を受けてきた。参道の脇にある三mを超える石造宝《ほう》篋印塔《きょういんとう》は、航海の指標であるかのごとく、海に面して建てられている。境内の遥拝所《ようはいしょ》は、対岸の大嶽《おおたけ》神社だけではなく、遠く伊勢神宮や宮中を遥拝する場所でもあるという。

志賀島から海の中道を望む

志賀島出土の金印は、『後漢書』東

モデルコース（所要時間：約3時間）
JR 香椎駅［徒歩15分］香椎宮［徒歩3分］報恩寺［徒歩5分］
不老水［徒歩20分］JR 香椎駅［電車6分］JR 箱崎駅［徒歩8分］
筥崎宮［徒歩1分］恵光院［徒歩5分］JR 箱崎駅

志賀海神社

夷伝にある光武帝から贈られた金印と考えられている。弥生時代の交流の証《あか》しとして国宝に指定された金印の出土地と伝わる場所は、現在金印公園として整備されている。石碑などがあり、博多湾を一望できる。

志賀島は長い歴史の中で、戦場となることもあった。弘安の役では元軍の拠点となり、島内で戦いが繰り広げられた。島には蒙古塚や火焔塚《かえんづか》など元寇に由来する塚が残されている。火焔塚には、南宋期に大陸から運ばれたと伝えられる、薩摩塔と呼ばれる石塔も現存する。

［江上］

4 博多湾とその周辺 2

福岡市西区

姪浜から今津、唐泊《からとまり》にかけての博多湾西部の湾岸は、海辺に迫る小高い碧《へき》緑《りょく》の山々、弧を描く砂浜、その先に広がる濃紺色の海原と、浜に打ち付ける白波が印象的である。

古くから、博多湾に浮かぶ能古島には防人《さきもり》が置かれた。また、『万葉集』には「風吹けば沖つ白波恐《かしこ》みと能許《のこ》の泊まりにあまた夜そ寝る」と、荒津《あらつ》から船出した遣新羅使が、能許の泊《とまり》（現在の唐泊）で風待ちをしていた様子を詠ったものなどがある。

かつて今津湾は、現在よりも内陸まで海が入り、中世には博多津、箱崎津とともに対外交易の拠点として栄えた。日本臨済宗の祖ともいわれる栄西との関わりも深く、栄西は二度の宋への出国の前後、足掛け十五年の間、今津に滞在したと伝えられる。

今津の岬の突端にある毘沙門山《びしゃもんやま》の麓に、栄西が開山したと伝えられる誓願《せいがん》寺《じ》がある。今は、本堂と境内社の白山神社、山頂付近の毘沙門堂が残るのみだが、かつては四十二の子院を持つ寺院であった。山頂に登ると博多湾をはじめ、西の長浜海岸、松林の先に柑子《こうし》岳《だけ》や可也山《かやさん》など美しい山容を望むことができる。誓願寺所蔵の栄西自筆の『盂蘭盆縁起《うらぼんえんぎ》』などの書跡は国宝に、栄西が大陸から持ち帰ったといわれる「銭弘俶《せんこうしゅく》八万四千塔」は重要文化財に指定されている。この塔は、呉越国の王・銭弘俶がつくった八万四千の青銅製の塔の一つであると伝えられる。

今津には宋から日本に来た高僧・蘭《らん》渓道隆《けいどうりゅう》が開いた勝福寺などもある。

姪浜にある興徳寺は、臨済宗大徳寺派の寺院である。開山は大応国師《だいおうこくし》と伝えられ、創建は鎌倉時代の鎮西探題《ちんぜいたんだい》・北条時定《ときさだ》による。境内の大応国師の開山塔など、南宋期の大陸系の石塔もある。

博多湾周辺は大陸の文化の受け入れ口でもあり、その一方で、海外からの侵攻の矢面《やおもて》ともなった。中世には海岸線に沿って累々と防衛のための石垣が築かれた。元寇防塁である。香椎付近から今津の先まで、総延長は二〇㎞に

毘沙門山と長浜海岸

及んだと伝えられる。当時の様子は『蒙古襲来絵詞《もうこしゅうらいえことば》』などで生々しく伝えられている。この石塁によって囲まれた博多の地は「石城」ともいわれたという。

　江戸時代には、長崎街道から分かれ、博多を経由して唐津に向かう唐津街道が整備された。姪浜地区には唐津街道沿いに栄えた港町としての風情が残っている。

　また、唐泊、宮浦、今津、浜崎、残島《のこのしま》（能古島）の五つの「浦」は、筑前五ケ浦廻船と呼ばれる、大型船による年貢米などの輸送業で栄えた。「浦」とは漁業や海運業など海で生計を立てる村や住民の総称である。最盛期の十八世紀には五十－六十隻の大型船を所有していたといわれる。

　博多湾西部には、海を介した国内外の交流の証《あかし》を残す寺社や史跡が、静かにその歴史を伝えている。

周辺の見所

愛宕《あたご》神社

室見《むろみ》川河口の左岸の愛宕山（旧名・鷲尾山）に鎮座する愛宕神社は、東京、京都とともに日本三代愛宕の一つである。福岡の街を一望することができる。

　二千本の桜や初日の出の名所としても知られる。

　愛宕山は平安時代後期の瓦経《がきょう》が出土し、元寇の頃には鷲尾城が築かれており、歴史的にも重要な役割を果たしてきた山である。

上：興徳寺／下：愛宕神社

姪浜の町並み

　姪浜には旧唐津街道の宿場町として栄えた町並みの一部が保存されている。姪浜の氏神である住吉神社は、奈良時代の創建と伝えられ、今もお参りの人が絶えない。貴船《きふね》神社には、港町らしく多くの船絵馬が奉納されている。旧マイヅルみその建物は、文政十三（一八三〇）年に博多区呉服町に建てられたもので、終戦直後に現在の場所に移転した。平成十九年には国の登録有形文化財となっている。

旧マイヅルみそ

生の松原の元寇防塁

■元寇防塁

国史跡に指定され、生《いき》の松原、今津長浜、西新など、一部修復されている。防塁の構築にあたっては、今津地区は大隅・日向国、今宿地区が豊前国というように、九州に所領を持つ御家人によって国ごとに分担して築かれた。福岡城の築城の際には、その一部が石垣として利用されている。

ちょっと足をのばして

■能古島

姪浜の港から船で約十分に位置する能古島は、博多湾最大の島である。周囲一二km。島内を歩くと、心地よい海風に吹かれながら、福岡タワーをはじめ百道から今津にかけての町並み、玄界島や志賀島など海に浮かぶ周辺の島々を見ることができる。

港のすぐ近くにある白鬚《しらひげ》神社は、奈良時代の創建と伝えられ、能古島の氏神様として大切に祀られている。毎年十月九日に盛大に行われるおくんちは、福岡市の無形文化財に指定されている。

『リツ子その愛』『リツ子その死』などの作品で知られる作家・檀一雄が愛した島としても有名で、檀一雄の歌碑や文学碑が建立されている。

島内の高台に建つ能古博物館には、筑前五ケ浦廻船で栄えた頃の資料や、志賀島出土の金印の保存に大きな功績を残した福岡藩の儒学者・亀井南冥《なんめい》にまつわる資料なども展示されている。また、江戸時代に創業した能古焼の古

上：能古島の檀一雄旧宅跡に建つ歌碑。死別した妻・律子を悼んだ歌「つくづくと櫨の葉朱く染みゆけど下照る妹の有りと云はなく」が刻まれている／下：白鬚神社

モデルコース（所要時間：約５時間）
地下鉄姪浜駅［徒歩10分］旧マイヅルみそ［徒歩３分］住吉神社［徒歩10分］興徳寺［徒歩15分］元寇防塁（生の松原）［徒歩35分］姪浜港［船10分］能古港［徒歩５分］白鬚神社［徒歩10分］檀一雄旧宅［徒歩５分］能古博物館［徒歩３分］能古学校前バス停［バス11分］のこのしまアイランドパーク［バス13分］能古港［船10分］姪浜港［徒歩25分］地下鉄姪浜駅

窯跡なども屋外展示されている。

島の北側には「のこのしまアイランドパーク」があり、海を背景に四季折々の花々が咲き乱れる。也良崎《やらのさき》万葉歌碑などもある。

［江上］

のこのしまアイランドパーク（福岡市提供）

5 古代浪漫 ― 伊都・志摩めぐり

糸島市

玄界灘に突出し、朝鮮半島と一衣帯《いちいたい》水《すい》の地にある糸島半島。原始・古代から玄界灘を介した対外交流が行われ、稲作や青銅器など先進文化をいち早く受容し、中国の歴史書『魏志倭人伝』に記された「伊都国」として発展した。伊都国王墓である平原《ひらばる》遺跡出土の国宝・内行花文鏡《ないこうかもんきょう》をはじめとする多数の貴重な遺跡・遺物は、伊都国の圧倒的な存在感を今に伝える。ヤマト王権成立後も、糸島の地理的重要性は揺るがず、対外交渉の拠点から軍事拠点へと性格を変えながら、国家形成に大きな影響を与えた。

上：平原遺跡１号墓。平原歴史公園として整備されている／下：平原１号墓から出土した内行花文鏡。直径46.5㎝の日本最大の銅鏡（国〔文化庁〕保管、伊都国歴史博物館提供）

■平原遺跡

一号墓は二世紀末に君臨した伊都国王の墓と推定される。東西一八×南北一四mの方形周溝墓で、昭和四十年、ミカンの植栽中に偶然発見された。

直径四六・五cmの国内最大の内行花文鏡五面、方格規矩鏡《ほうかくきくきょう》など、合計四十面の銅鏡が出土。ガラス勾玉《まがたま》、メノウ管玉《くだたま》、耳璫《じとう》など装身具が多く、武器は素環頭大刀《そかんとうたち》のみであることから、女性の王だったと推測される。峠から昇る朝日の光芒が女王に差し込むよう、遺体は足を日向《ひなた》峠に向けて埋葬されていた。女王は太陽祭祀を司っていたと思われ、太陽を模した内行花文鏡は破砕した状態で副葬されていた。首長権の継承儀礼の際、故意に破砕して埋納された可能性がある。

■伊都国歴史博物館

平原遺跡出土品（国宝）や三雲南《みくもみなみ》小路《しょうじ》遺跡出土品などの歴代王墓の副葬品や、王都である三雲・井原遺跡群出土品を中心に展示。三階の常設展示室には、平原遺跡一号墓（女王墓）の埋葬主体部原寸大模型があり、破砕された銅鏡などの様子がわかる。

古代日本において重要な役割を果たした伊都国の繁栄ぶりを、自分の目で見て感じることができる。事前予約すればボランティアガイドが伊都国の歴史や展示物の解説をしてくれる。

志登支石墓群。地表に見えているのが上石

志登《しと》支石墓群

糸島平野のほぼ中央、標高約三mの沖積地《ちゅうせきち》に位置し、花崗岩《かこうがん》または玄武《げんぶ》岩《がん》を上石とした支石墓が十基ある。昭和二十八年に、支石墓としては国内初の発掘調査が実施された。調査した四基のうち、六号支石墓からは打製石鏃《だせいせきぞく》六本が出土。また八号支石墓からは柳《りゅう》葉形《ようけい》磨製《ませい》石鏃四本が出土し、弥生文化黎明期における朝鮮半島との交流を物語っている。

怡土《いと》城

糸島市と福岡市との境に位置する高《たか》祖山《すやま》（標高四一六m）の西斜面一帯に築かれた古代山城。『続日本紀《しょくにほんぎ》』には、大宰大弐《だいに》・吉備真備《きびのまきび》（途中、佐伯今《さえきのいま》毛人《えみし》に交代）の指揮により、天平勝宝八（七五六）年から約十二年の歳月をかけて築城されたことが明記されている。

築城の理由は定かではないが、当時、日本・新羅《しらぎ》間の関係悪化により緊張の度を増していた時期にあり、新羅征討計画の一環で急ピッチで築城されたとの説がある。また廃城の時期は明確ではないが、少なくとも九世紀初頭までは城として機能、その後、中世に原田氏が高祖城として再利用した。

現在も、高祖山北西の尾根線上に五

怡土城が築かれた高祖山

カ所、南西の尾根線上に三カ所の望楼《ぼうろう》跡が、また城の西裾に南北約二kmにわたる土塁が残る。

周辺の見所

■芥屋《けや》の大門《おおと》

芥屋の大門。国の天然記念物に指定されている

糸島半島の北西端に位置し、玄界灘に突出した玄武岩の六角（または八角）柱状の節理を持つ岩体で、玄界灘の荒波で削られた海食洞が北に口を開く。洞窟は、間口付近で幅約一〇m、海面からの高さは約八m、奥行きは約九〇mである。

遊覧船からは、波の中に立つ壮大な岩窟と、自然が生み出した、まるで蜂の巣のような美しい柱状節理の光景を間近に見ることができる。

蒙古襲来時に吹いたとされる、いわゆる神風は、雷山の風穴から地下を通って、ここ芥屋の大門から噴き出したとする伝承もある。

■桜井神社

慶長十五（一六一〇）年、大雨により岩窟が開口。そこで神懸かった浦姫のお告げにより、いわゆる黒田騒動が収まったことから、寛永九（一六三二）年、第二代福岡藩主・黒田忠之《ただゆき》により社殿が建築された。本殿・拝殿・楼門は創建当時の姿を残し、安土桃山様式の絢爛豪奢な彫刻などを見ることができる。寛永二年、伊勢神宮を勧《かん》請《じょう》した桜井大神宮が境内に創建されると、桜井二見ケ浦《ふたみがうら》とともに「筑前の伊勢」と称され、筑前国や肥前国からの多くの参詣者で賑わった。

桜井神社の楼門

文政十三（一八三〇）年には、神官の教育を目的とした桜井文庫仰古館《おうこかん》（学問所兼図書館）が設置され、国学者・伊藤常足《つねたり》を講師に迎えるなどして筑前国学の中心地となった。

二見ケ浦。夏至の日前後、夫婦岩の間に夕日が沈む

二見ケ浦

桜井神社から北東一・六kmの海中に位置する夫婦岩《めおと》。陸側から向かって右が男岩（高さ一一・八m）、左が女岩（高さ一一・二m）。二つの岩が寄り添っているように見える。桜井大神宮が創建されて以後は、桜井二見ケ浦はその社地となり、筑前の伊勢として多くの人々の信仰を集めた。現在も糸島を代表する観光スポットで、特に夏至の日前後の夕日が沈む様子は息をのむ美しさで、多くの写真家や見学者で賑わう。

鎮懐石《ちんかいせき》八幡宮

懐妊中の神功皇后が、出産を遅らせるために石を腹にくくって新羅に出征。帰国後、無事に応神天皇を産み、その石をここに祀ったと伝わる。境内には、安政六（一八五九）年に建立された、九州最古の万葉歌碑がある。深江在住の中津藩儒学者・日巡武澄《ひよしたけずみ》の揮毫《きごう》で、筑前国司として大宰府に赴任していた山上憶良《やまのうえのおくら》が詠んだ鎮懐石頌歌《しょうか》が刻まれている。

浮嶽《うきだけ》神社

聖武天皇の勅願により、インドの僧侶・清賀上人《せいがしょうにん》が開山したとされる怡土七カ寺の一つである久安寺《きゅうあんじ》。明治初年の神仏分離までは、浮嶽神社の神宮寺として栄えた。現在も、久安寺の諸像は浮嶽神社に伝わり、平安時代前期の木造仏坐像（伝薬師如来像）、木造地蔵菩薩立像、木造如来立像の三体が

上：浮嶽神社／左：鎮懐石八幡宮境内に建つ九州最古の万葉歌碑。同宮は桜の名所でもあり、展望所からは姫島や唐津方面などが一望できる

重要文化財に指定されている。

■前原宿

前原宿は、福岡藩領筑前二十一カ宿のうち西端に設置された唐津街道の宿場である。記録によると、二代藩主・黒田忠之の時代に、笹山《ささやま》から街道筋に民家を移し、御茶屋ができたとある。東西に構口《かまえぐち》があり、西構口の脇には旅人改めの関番所が置かれた。人馬が常置されて宿継《しゅくつ》ぎ形式で人や荷物が輸送され、長崎警備に向かう福岡藩主、参勤交代の大名、公儀役人、諸藩の家中らがその人馬を使って行き来した。

旧前原宿の町並み

ちょっと足をのばして

■雷山千如寺大悲王院《らいざんせんにょじだいひおういん》

福岡・佐賀両県にまたがる脊振山系の高峰で、古来、霊山として崇められた雷山（標高九四四m）。寺伝では、聖武天皇の勅願で、インドの僧侶・清賀上人が開山したという。眼下に玄界灘を望み、鎌倉時代には異国降伏の祈《き》禱寺《とうじ》として幕府の保護を受け、最盛期には三百の坊を有した。雷山中腹に位置する大悲王院は、第六代福岡藩主・黒田継高《つぐたか》によって現在の地に建立された。高さ四・六三mの千手観音立像、清賀上人坐像（いずれも重要文化財）ほか、樹齢四百年の大楓、室町時代につくられた心字庭園のビャクシンなどを拝すことができ、厳かな雰囲気に包まれながら、悠久の時の流れを感じることができる。

大悲王院の大楓と千手観音立像

モデルコース（所要時間：約４時間）
JR筑前前原駅［車10分］志登支石墓群［車15分］伊都国歴史博物館［車10分］平原遺跡［車15分］雷山千如寺大悲王院［車20分］JR筑前前原駅

雷山神籠石《こうごいし》

雷山神籠石は、古代山城の跡と考えられている。雷山の北側の中腹、標高四〇〇－四八〇mに位置し、谷の北と南に水門及び列石土塁を配している。北水門は奥行一二m、幅一〇m、高さ三mの、切石を積み上げた堅牢な造り。列石は、水門の両端から東西に「ハ」の字状に連なり、尾根頂上に向かって急斜面を上る。南水門は崩壊しているものの、北水門同様、両端から東西に延びる列石を確認できる。［三嶋］

雷山神籠石の北水門

6 「神宿る島」と関連遺産を巡る

宗像市・福津市

上：大島の沖津宮遙拝所から見た沖ノ島。晴れた日には水平線に島の姿が現れる／下：沖ノ島出土の金銅製龍頭（左）と金製指輪（宗像大社蔵）

■宗像大社沖津宮《おきつみや》（沖ノ島）

古来より人々は荒れ狂う波を越え、海の向こうへ舵をとった。命の危険と隣り合わせの航海を経て、無事目的を果たすため、航海の目印である島への信仰が生まれた。その島こそ、朝鮮半島と日本列島の境に位置する沖ノ島である。

四世紀後半、ヤマト王権は、百済との国交を開始する。この時、朝鮮半島への水先案内を担ったのが、卓越した航海技術を持つ古代豪族・宗像氏である。彼らが信仰した島での祭祀に王権が関わるようになり、卓越した規模で行われることとなった。こうした祭祀は、遣唐使が停止される前、九世紀半ばまでおよそ五百年にわたって継続した。発掘調査では、古代祭祀が行われたそのままの状態が明らかとなった。

祭祀は島の中腹にある巨岩群で行われた。巨岩の上での露天祭祀から始まり、巨岩の陰での岩陰祭祀、半岩陰・半露天祭祀へ、そして岩から離れた平地での露天祭祀へと変遷した。祭祀で奉献される品は当初、鏡、剣、玉など古墳の副葬品と共通していたが、時代が下ると、ミニチュアの機織《はたお》りの道具や滑石《かっせき》製品など、祭祀のためだけにつくられたものへと変化する。また国際色豊かなものも含まれ、中国から伝来した鏡、新羅の金製指輪や金銅製馬具、遠く離れたササン朝ペルシア由来のカットグラス碗、唐の唐三彩《とうさんさい》や北魏由来とされる龍頭《りゅうとう》などが見られる。これらは、その時々の対外交流を物語る貴重

フェリーで大島に近づくと中津宮の鳥居が見えてくる。背後に立つ大島最高所の御嶽山山頂では７世紀後半以降、沖ノ島と同じく古代祭祀が行われた。右は中津宮の社殿

な物証である。このように古代祭祀のあり方とその変遷が確認できるだけでなく、現在も信仰の対象であるという点において世界的に重要である。

宗像大社中津宮《なかつみや》

七世紀後半になると、沖ノ島から四七kmの大島、六〇kmの九州本土田島でも、沖ノ島と同様に露天での祭祀が行われるようになる。これらはやがて沖ノ島の沖津宮、大島の中津宮、田島の辺津宮の三宮からなり、宗像三女神を祀る宗像大社へとつながる。

大島の最高所である御嶽山《みたけさん》からは、空気の澄んだ日には沖ノ島だけではなく、壱岐・対馬、釜山までが見渡せる。また本土側については旧宗像郡を中心に北九州から博多湾までの沿岸部が一望でき、交通及び防衛の要衝としての地理的な重要性が窺える。この御嶽山山頂において七世紀後半以降祭祀が行われ、奈良三彩小壺や舟形石製品などが出土した。その後、山麓に社殿がつ

宗像大社辺津宮の拝殿（左）と高宮祭場。７世紀後半には本土の辺津宮でも祭祀が行われるようになる。かつて古代祭祀が行われた高宮祭場では、現在露天での神事が行われている

新原・奴山古墳群（吉村靖徳氏撮影）。海を介して大島を望む台地上に大小様々な古墳が並ぶ

くられるようになり現在の中津宮へと続く。

宗像大社辺《へ》津《つ》宮《みや》

本土でも七世紀後半に、かつて入り海であった釣川《つりかわ》に面する宗像山中腹の下高宮で祭祀が行われるようになった。

やがて祭祀の場は露天から社殿へと移り、山麓の平地に社殿が建てられるようになる。また祭祀の中心も本土へと移り、辺津宮は宗像三女神信仰の総社となる。中世には最盛期を迎え、年間五九二一回の神事が行われたと伝わる。十七世紀、宗像大宮司家は氏貞《うじさだ》の代で滅びるが、その後も小早川隆景《たかかげ》、福岡藩主・黒田氏によって庇護されてきた。現在も交通安全の神様として広く信仰を集めている。

宗像大社沖津宮遙拝所《ようはいしょ》

沖ノ島は現在も宗像大社沖津宮として信仰の対象である。上陸の際は、海中での禊《みそぎ》を行わなければならない、一木一草一石たりとも持ち出してはならないなどの禁忌が今日も守られている。また、女性の上陸は禁じられ、神職以外の男性も年に一度の現地大祭の時のみ、特別に二百名が渡島することが許されている。このように禁忌により島への立ち入りが禁じられている沖ノ島を参拝する場所が、大島の沖津宮遙拝所である。遙拝所の社殿は沖ノ島に対する拝殿であり、空気の澄んだ日には水平線に島影を眺めることができる。

新原《しんばる》・奴山《ぬやま》古墳群

沖ノ島祭祀を担った古代豪族・宗像氏の墳墓は四世紀後半の東郷高塚《とうごうたかつか》古墳に始まるが、五世紀前半には沿岸部へ移り津屋崎古墳群へ引き継がれていく。新原・奴山古墳群は、大島から沖ノ島へ続く海を一望できる台地の上に、五世紀から六世紀にわたり前方後円墳五基、方墳一基、円墳三十五基が累々と築かれている。周辺の旧入り海は農地となっているが、現在も良好な景観が残され、海に浮かぶ台地上に並ぶ古墳群という往時の姿を偲ぶことができ、海とともに生き、信仰を育んだ人々を象徴する。

＊

これらの遺産群は「『神宿る島』宗像・沖ノ島と関連遺産群」として現在、

平成二十九年のユネスコ世界文化遺産への登録を目指している。

周辺の見所

■宗像大社神宝館

辺津宮境内にあり、沖ノ島祭祀遺跡から出土した八万点の国宝が展示・収蔵されている。鏡や金銅製馬具、金銅製龍頭、唐三彩などの主要な奉献品が時期ごとに常設で展示されており、沖ノ島祭祀を理解する上では必見である。また、宋風狛犬《そうふうこまいぬ》や、中世文書をはじめとする代表的な資料が展示されており、宗像大社の長い歴史を理解することができる。

宮地嶽神社（川原敏明氏撮影）。開運・商売繁昌のご利益があるとされ、年間200万人以上の参拝客が訪れる

宮地嶽古墳。現在は不動神社となっており、石室が見学できる

■海の道むなかた館

辺津宮の北西にある。通常足を踏み入れることができない沖ノ島の祭祀遺跡や自然など島内の様子を３Ｄ映像で体感することができる。

また弥生時代の有力集団墓である田《た》熊石畑《ぐまいしはたけ》遺跡出土銅剣などの考古資料や、鐘崎《かねざき》の海女《あま》漁の民俗資料が展示されており、宗像の歴史が広く学べる。

■東郷高塚古墳

宗像市日の里に位置する、四世紀後半につくられた宗像地域最初の大型前方後円墳。全長約六五ｍ、主体部に七ｍの割竹形木棺《わりたけがたもっかん》を持つ。最も古い段階の古代宗像氏の首長墓と考えられ、沖ノ島祭祀開始期の宗像地域とヤマト王権のつながりを示す遺跡である。

■宮地嶽《みやじだけ》古墳

宮地嶽神社の境内に位置する七世紀前半につくられた大型の円墳で、全長二二ｍにも及ぶ長大な横穴式石室を持つ。また、銅製馬具類、金銅装頭椎大刀《かぶつちのたち》、長方形緑瑠璃板《みどりるりいた》（ガラス板）などの出土品は国宝に指定されている。天武天皇の子・高市皇子《たけちのみこ》の母である尼子娘《あまこのいらつめ》の父である胸形君徳善《むなかたのきみとくぜん》の墓との説がある。

鎮国寺（川原敏明氏撮影）。梅や桜など花の名所としても知られる

桜京古墳《さくらきょう》

辺津宮から釣川を下った左岸の山の尾根線沿いに二百基を超える古墳時代後期の円墳がつくられており、牟田尻《むたじり》古墳群と呼ばれる。桜京古墳はその一つで、宗像地域唯一の装飾古墳である。石室奥壁及び石棚に赤・緑・白の彩色を持つ三角文が施されている（石室は非公開）。

鎮国寺《ちんこくじ》

辺津宮の北東に位置する。中国より帰朝した弘法大師が大同元（八〇六）年、日本で最初に創建したとの寺伝がある。神仏習合時代は宗像大社の神宮寺であった。境内には、南北朝時代につくられた宗像三神・許斐権現《このみごんげん》・織幡《おりはた》明神の本地仏《ほんじぶつ》がある。

織幡神社《おりはた》

宗像郡では宗像神社三座とともに延長五（九二七）年の「延喜式神名帳」に記載された式内社《しきないしゃ》。全国の海女の発祥の地である宗像市鐘崎鐘ノ岬に位置する。宗像大社三宮、鎮国寺とともに「宗像五社」と呼ばれる。［岡寺］

織幡神社からは、鐘崎から神湊までが一望できる

モデルコース１：「神宿る島」と関連遺産を訪ねて（所要時間：約８時間）
JR 東郷駅［車15分］宗像大社辺津宮・神宝館［徒歩５分］海の道むなかた館［車15分］神湊渡船場［渡船（フェリー）25分］大島港［徒歩５分］中津宮［徒歩40分］御嶽山展望台［徒歩40分］沖津宮遙拝所［徒歩35分］大島港［渡船（フェリー）25分］神湊［車15分］新原・奴山古墳群［車15分］JR 福間駅

※渡船のお問合せ先：大島渡船ターミナル ☎0940-72-2535

モデルコース２：宗像氏の足跡を訪ねて（所要時間：約６時間）
JR 東郷駅［車10分］東郷高塚古墳［車20分］宗像大社辺津宮［車５分］鎮国寺［車15分］桜京古墳［車15分］織幡神社［車20分］新原・奴山古墳群［車10分］宮地嶽古墳［車10分］JR 福間駅

7 糟屋に息づく祈りの歴史

古賀市・新宮町・粕屋町・篠栗町・久山町・須恵町・志免町・宇美町

福岡市の東に位置する糟屋《かすや》地区は、古賀市、新宮町、粕屋町、篠栗町、久山町、須恵町、志免町、宇美町の一市七町からなる。かつては、志賀島など福岡市東区の一部も含めて旧糟屋郡であり、今よりも広い地域を指していた。

糟屋の地名は古く、継体天皇二十一(五二七)年の「磐井《いわい》の乱」の後、その子・葛子《くずこ》により「糟屋屯倉《かすやのみやけ》」が献上されたと伝えられる。また、京都の妙《みょう》心寺《しんじ》の鐘に刻まれた「糟屋《かすやの》評《こおりの》造《みやつこ》春米連廣國《つきしねのむらじひろくに》」の銘から、六九八年には糟屋評の長官が鐘をつくらせたことがわかっている。近年の発掘調査では糟屋評の役所跡である阿恵《あえ》遺跡(粕屋町)などが発見されている。

糟屋地区には、旧石器時代から近現代にかけての文化財が数多く残っている。江辻遺跡(粕屋町)は、最古の渡来系稲作集落といわれる。また、特徴的な古墳も多い。三世紀後半の築造といわれ、県内で最も古い時期の前方後円墳である光正寺《こうしょうじ》古墳(宇美町)、七《たな》夕池《ばたいけ》古墳(志免町)などが整備されており、見学することができる。馬具が大量に発見された船原《ふなばる》古墳(古賀市)や相島積石塚群《あいのしまつみいしづかぐん》(新宮町)など、大陸との深い関わりを示唆する古墳もある。他にも特別史跡の古代山城・大野城跡や、江戸時代の県内最大の窯・須恵焼窯跡、重要文化財の旧志免鉱業所竪坑《たてこう》櫓《やぐら》など見所は多い。

六六五年には、四王寺山《しおうじやま》に古代山城・大野城が築造された。朝鮮式山城といわれ、新羅の侵攻に備えたものである。その範囲は現在の宇美町、太宰府市、大野城市にまたがるが、百間石垣や増長天礎石群《ぞうちょうてんそせきぐん》などを含む城域の八〇%は宇美町に所在する。四王寺山にはその後四王寺がつくられ、国家鎮護の山となった。

江戸時代の県内最大の窯・須恵焼窯跡(須恵町教育委員会提供)

若杉山をはじめ三郡山系の山々や犬《いぬ》

大野城跡の百間石垣（九州歴史資料館提供）。文字通り百間（約180m）ほどの長さ

鳴山《なきやま》、立花山などの山中や麓には、何百年もの間、人々に信仰され続けている寺社が多く存在する。掃き清められた誰もいないお堂を拝する時、深い祈りの文化が静かに守り続けられていることを感じる。

宇美八幡宮や、古賀市と久山町にある二つの斎宮《いつきのみや》など、神功皇后の伝承が残る神社も多い。

平安時代以降、山々には山林（山岳）寺院が多くつくられるようになる。糟屋でも西山の麓、薬王寺《やくおうじ》温泉の近くには、九世紀に薬王寺がつくられた。

糟屋地区で最も古い仏像は、若杉山の山頂近くの若杉観音堂に祀られていた千手観音立像であり、九世紀頃の作といわれる。現在は九州歴史資料館に展示されている。久山町の清谷寺《せいこくじ》にも三体の十世紀の仏像が祀られている。

古賀市の小山田斎宮。斎宮は『日本書紀』にもその名が見える。久山町にも斎宮がある

建正寺《けんしょうじ》（須恵町）の平安時代後期の十一面観音立像など秘仏として伝えられているものもある。

山々につくられた寺社には、大陸の影響を色濃く残すものもあった。代表的な山として若杉山と首羅山《しゅらさん》があげられる。若杉山の太祖《たいそ》神社上宮（篠栗町）には、北部九州に偏在する、十三世紀頃に大陸から運ばれてきた宋風獅《そうふうし》子《し》などの石造物が伝えられている。首羅山の山頂にもまた、薩摩塔や宋風獅子といった大陸招来の石造物が鎮座す

首羅山山頂

る。
首羅山は中世後半には廃絶してしまったが、若杉山の法灯は脈々と受け継がれ、現在も篠栗八十八カ所として、深い信仰の対象となっている。首羅山の北には室町時代以降、天照皇大神《てんしょうこうたいじん》宮《ぐう》が創建される。江戸時代には福岡藩の庇護のもと再建され、九州の伊勢として多くの参拝客で大変賑わった。また、江戸時代には糟屋郡内に糟屋郡中札所三十三カ所がつくられた。

天照皇大神宮。「九州の伊勢」と称される

中世後半になると、立花山や西山、犬鳴山などに城が築かれた。立花道雪《どうせつ》の居城でもあった立花城は九州一の要塞といわれた。現在もその地形や石垣、井戸などが残る。

糟屋地域は、古くからの国際都市・博多の周縁にあって、今なお山々を中心に、対外交流と祈りの歴史の痕跡を残しているのである。

周辺の見所

■宇美八幡宮

安産祈願で有名な宇美八幡宮は、神功皇后が応神天皇を出産した地とされる。境内には「子安《こやす》の木」や「産湯《うぶゆ》の水」などお産にまつわるものが多い。宇美という地名も「産み」からきたとされる。

宇美八幡宮社殿と「湯蓋の森」（木下陽一氏撮影）

■旧志免鉱業所竪坑櫓

旧志免鉱業所竪坑櫓は石炭を搬出するための施設で、昭和十八年につくられた鉄筋コンクリートの建造物。明治から昭和前半にかけて糟屋を支えた糟屋炭田の象徴で、重要文化財に指定されている。

■若杉山

篠栗町と須恵町にまたがる標高六八一mの山である。篠栗八十八カ所の奥の院としても広く知られている。篠栗町側の右谷《うたに》には太祖神社下宮が祀られ、須恵町側の佐谷《さたに》には建正寺がある。太祖神社では春と秋に県指定文化財の太祖神楽が奉納される。建正寺では春に本尊の十一面観音像の御開帳が行われる。

森林セラピーの山として人気があり、登山者も多いが、山頂付近まで車で行くこともできる。峰続きの米の山からの眺めは絶景である。

■光正寺古墳

三世紀後半頃につくられた古墳で、宇美町と志免町の境に位置する。全長約五三m、糟屋平野最大で最古級の古墳である。中国の歴史書『魏志倭人伝』に登場する不弥国《ふみこく》の王墓とする説がある。

■天照皇大神宮

久山町猪野《いの》にあり、伊野皇大神宮の名で親しまれている。国史跡・首羅山遺跡に隣接する。江戸時代に現在の神《かみ》路山《じやま》の麓に移され、「九州の伊勢」として多くの参拝者が訪れた。周辺には、水取宮《みずとりぐう》や斎宮、審神者《さにわ》神社など神功皇后にまつわる史跡が多くある。

■横大路家住宅

新宮町上府に位置する。十七世紀半ばにつくられたもので、現存する民家としては九州最古。「曲《まが》り屋《や》」と呼ばれるL字形の建物で重要文化財に指定されている。横大路家は古くからこ

上：旧志免鉱業所竪坑櫓（志免町教育委員会提供）。高さ47.6mを誇り、志免町のランドマーク的存在／中：建正寺。毎年春に秘仏が公開される／下：太祖神楽（篠栗町教育委員会提供）

横大路家住宅

地に住み、千年家とも呼ばれる。最澄が寄宿した際に「毘沙門天《びしゃもんてん》の像」「法《ほう》理《り》の火」「岩井の水」を与えたといい、毘沙門天の像は秘仏であるが、年に一度公開される。法理の火は今は比叡山に移されている。

ちょっと足をのばして

■相島

相島は新宮漁港から約十七分、玄界灘に浮かぶ周囲約六㎞の島である。島の大部分は玄武岩《げんぶがん》で覆われ、浸食作用によって独特な海岸の風景をつくり出している。

渡船場近くに、島の氏神様として古くから島民に信仰されている若宮神社が鎮座する。

島の北東部には国史跡の相島積石塚群がある。海岸の石を積み上げてつくった独特な形の古墳である。平成六年からの調査の結果、二五四基の古墳があることがわかった。復元された一二〇号墳は石だけでつくられた前方後方墳で、大変珍しい。積石塚群のある場所からは、県指定名勝である鼻栗瀬《はなぐりせ》も見える。

近世の相島は朝鮮通信使の接待の場でもあった。朝鮮通信使とは、徳川将軍の代替わりの際に朝鮮王朝から遣わされた国使のことで、当時鎖国をしていた幕府は相島で接待を行い、交流を深めた。島内には、朝鮮通信使の客館跡や、先波止《さきはと》と呼ばれる、朝鮮通信使一行の船団を迎えるための波止場跡などが残っている。

［江上］

相島積石塚群の120号墳（吉村靖徳氏撮影）。左奥に県指定名勝の鼻栗瀬が見える

モデルコース（所要時間：約３時間）

新宮漁港［渡船17分］相島漁港［徒歩20分］積石塚群［徒歩15分］太閤潮井の石［徒歩10分］遠見番所跡［徒歩20分］朝鮮通信使客館跡［徒歩10分］先波止［徒歩３分］相島漁港［渡船17分］新宮漁港

裂田溝。水路沿いに遊歩道が整備されている

8 伝説・伝承の宝庫——那珂川

那珂川町・福岡市南区

福岡市のベッドタウン那珂川町には、人工スキー場やキャンプ場を併設する自然保養施設「グリーンピアなかがわ」や、川遊びやホタルで人気の中ノ島公園、プールや図書館などの複合文化施設「ミリカローデン那珂川」などがある。

町の随所に縄文時代から古墳時代にかけての遺跡や古墳が数多く分布し、神話や伝承も息づいている。町営のコミュニティバス「かわせみ」が全域を走っている。

■裂田溝《さくたのうなで》・裂田神社

神功皇后が神田に水を引くために溝を掘っていた時、迹驚岡《とどろきのおか》に至って大岩に突き当たり工事が中断してしまった。そこで武内宿禰《すくね》を召して剣や鏡を捧げて神に祈らせたところ、雷鳴轟き、稲妻が走って、一瞬にして大岩を割り裂き、水を通すことができた。そこで人々はこの溝を「裂田溝」と呼んだという。

現在の裂田溝は山田・安徳地域を北東へ流れる全長約五・六㎞の灌漑用水路で、水路に沿って遊歩道が整備されている。大岩が裂けたという場所には神功皇后を祭神とする裂田神社が鎮座し、裏手には名前の由来となった大岩の片方とされる岩盤がある。散策の途中で運が良ければカワセミに会えるかも。日本最古の農業用水路としても知られており、「疏水《そすい》百選」の一つに選ばれている。

■安徳台（迹驚岡）

神功皇后が裂田溝を開通した場所。雷鳴が轟いた岡であることから「迹驚岡」と呼ばれていた。もともとは約九万年前の阿蘇山の大噴火による火砕流によって形成された、約一〇万㎡にも及ぶ台地で、弥生時代の集落跡や鉄剣・鉄戈《てつか》などの大型鉄製武器を伴う甕棺墓などが出土した。

　平安時代後期、原田種直《たねなお》がこの地にあった自身の館に安徳天皇を迎えたことから「御所の原」、のち「安徳」と呼ばれるようになったという。

安徳台

■現人《あらひと》神社

　主祭神は底筒男命《そこつつのおのみこと》・中筒男命《なかつつのおのみこと》・表《うわ》筒男命《つつのおのみこと》の三神。神社由緒によると、神功皇后が新羅へ遠征した際、姿を現して皇后を護り、先鋒として船の水先案内を務めた。凱旋後、皇后は三神を「現れた神」として「現人大明神」の尊号を奉って奉斎したところから「現人神社」といわれるようになった。霊験あらたかな現人神の和魂《にぎみたま》は、皇后がヤマトへ帰還する際、神が「真住吉之国」（まことに住みよい国）と仰せになった摂津（大阪）の地に祀られたことにより、「住吉三神」とも称されるようになった。この伝説が、那珂川町の現人神社は住吉三神の本津宮にあたるとされる所以である。

現人神社

周辺の見所

■岩門《いわと》城跡

　城山の頂上にある。延久五（一〇七三）年に大蔵氏が築造したとされる。鎌倉時代に少弐《しょうに》氏の持ち城となり、元冠の際には大宰府防衛の拠点として総大将・少弐景資《かげすけ》が居城。戦国時代には、大内氏が那珂郡代を設けるなど重要な位置にあった。城跡には曲輪《くるわ》や空堀が残る。

■一ノ岳城跡

　南畑ダム西側の一ノ岳の山頂にある。

鎌倉時代に肥前の守護・千葉氏が築城したとされる。戦国時代には筑紫氏の支城であったが、天正十四（一五八六）年、島津勢によって落城した。その後、秋月氏の支配下に置かれたが、再挙した筑紫氏が奪還したという。山頂一帯には石垣や土塁が残り、途中の分岐点から、筑紫氏が奪還の際に陣を構えたという陣ノ尾山に向かうことができる。

一ノ岳城跡（岡寺良氏撮影）。大規模な石垣が残っている

■伝少弐景資の墓

山田地区の民家の敷地内にある五輪塔が、少弐景資の墓と伝えられる。景資は鎌倉時代の二度の元寇の際に総大将として戦功をあげたが、のち兄・経《つね》資《すけ》と家督を巡って争い、弘安八（一二八五）年に岩門城で敗死した（岩門合戦）。

■伏見神社・岩戸神楽

佐賀の川上大明神（與止日女《よどひめ》神社）を勧請《かんじょう》したのが始まりで、後に伏見の御香宮《おこうのみや》を併祭したので伏見神社と呼ぶようになった。もとは神社正面の国道を挟んだ場所にあったが、慶安元（一六四八）年に現在地へ移されたという。現在の拝殿は、天保四（一八三三）年の再建で、「伏見宮」の神額の裏には享保三（一七八一）年の銘が残る。神の使いとされるなまずの絵馬は、白なまず（はたけ）にかかった人が、病気治癒を祈願して奉納したもの。

毎年七月十四日の祇園祭には神楽が奉納されるが、「荒神《あらがみ》」の舞の鬼に抱かれた赤子は元気に育つといわれ、参拝者で賑わう。また、使用される神楽面の七割は能面系である。

伏見神社の岩戸神楽（那珂川町提供）

■高津神社

平安時代、原田種直が怡土《いと》の高祖《たかす》神社を勧請したのが始まりで、高津稲荷大明神とも呼ばれている。一四〇段余りの石段を上り、二十余基の鳥居をくぐると巨岩に囲まれた社殿がある。例

モデルコース（所要時間：約４時間）
JR 博多南駅［バス12分］現人神社前バス停・現人神社［徒歩10分］ミリカローデン那珂川［徒歩10分］裂田溝［裂田溝沿いを徒歩25分］裂田神社［徒歩15分］高津神社［徒歩８分］伝少弐景資の墓［徒歩10分］伏見神社［徒歩３分］山田バス停［バス15分］JR 博多南駅

※かわせみバスには右回りと左回りがありますので乗車前にご確認ください。

祭は二月の初午《はつうま》の日。社務所の裏手から岩門城跡へ抜ける登山道がある。

ちょっと足をのばして

■老《ろう》司《じ》瓦《かわら》窯《がま》跡

福岡市南区の老松《おいまつ》神社の西側、道を隔てた丘陵斜面にある全長約一一mの地下式登窯で、昭和十一年に発見された。天井は崩落していたが、焚口から煙道までが良好に残っていた。この窯で焼かれた瓦は「老司式古瓦」と呼ばれ、七世紀後半から八世紀初頭にかけて造営された、大宰府観世音寺の創建瓦に用いられた。国指定史跡。

■三宅廃寺跡

七世紀後半から九世紀代の寺院跡。老司式瓦や墨書《ぼくしょ》土器、木簡、正倉院宝物に類似する黄銅製の匙《さじ》と箸などが出土した。近接する若宮八幡宮の手洗石は、三宅廃寺の塔の心礎《しんそ》（塔の中心柱を受ける礎石）を転用したものと考えられている。

［清原］

9 奴国散歩

春日市・福岡市博多区

福岡市を中心に河川の堆積によって形成された、面積約二五〇㎢に及ぶ福岡平野は、大陸・朝鮮半島に近いため、古代より先進地域として開け、重要な遺跡や史跡が多く点在する。なかでも天明四（一七八四）年、志賀島で発見された「漢委奴国王《かんのわのなのこくおう》」金印に刻まれる「奴国」の中心地とされる春日市の須玖岡本《すぐおかもと》遺跡や、原初期の水田稲作集落である板付《いたづけ》遺跡、旧石器時代から中世に及ぶ複合遺跡群である比恵《ひえ》・那珂《なか》遺跡群などがよく知られている。

■須玖岡本遺跡

春日丘陵上を中心とした南北約二kmにわたる弥生時代の須玖遺跡群のうち、丘陵北端部一帯を須玖岡本遺跡といい、ここからは王墓や王族墓、青銅器工房跡が集中して見つかった。

明治三十二（一八九九）年、巨石（王墓の上石）の下から、甕棺墓《かめかんぼ》と前漢鏡三十面をはじめとする種々の遺物が出土した。残念ながらそれらはほとんど散逸して現在は伝わらないが、大正時代の聞き取り調査などにより王墓と推定され、出土遺物も傑出した歴史的価値を持つものであったことが判明した。時代的には、紀元五七年に後漢の光武帝から金印を賜った「奴国王」より数世代遡ると考えられている。

このほか、青銅器・鉄器・ガラス製品を生産していた工房跡などが見つかり、当時の最先端の技術が結集した「弥生のテクノポリス」というにふさわしい様相を呈している。国指定史跡。

一帯は歴史公園として整備され、甕棺墓群を発掘した状態で見学できる覆《おお》屋《や》があり、王墓の上石も屋外展示されている。また、奴国の丘歴史資料館では、春日市内の遺跡から出土した弥生時代の広形銅矛《ひろがたどうほこ》の鋳型や中広形銅戈《なかひろがたどうか》をはじめとする豊富な文化財を展示している。

王墓の上石

■板付遺跡

縄文時代晩期から弥生時代後期にかけての最初期の環濠《かんごう》集落遺跡。佐賀県唐津市の菜畑《なばたけ》遺跡とともに日本最古期

板付遺跡（福岡市提供）。竪穴住居が復元されている

の稲作集落跡とされる。環濠からは縄文土器と弥生土器の接点が確認され、稲作の起源、弥生時代開始の問題など、弥生時代研究に大きな影響を与えている。周囲は竪穴住居や水田が復元された公園になっており、中心には板付遺跡弥生館がある。館内では弥生人の暮らし、稲作や機《はた》織《お》り道具などが再現され、水田跡地から採取された弥生人の足跡も展示されている。国指定史跡。

金隈遺跡展示館。発掘時の姿のまま展示されている

■金隈《かねのくま》遺跡

弥生時代前期の中頃から後期前半までの約四百年間にわたって営まれた共同墓地遺跡で、北部九州に特徴的な甕棺墓や土壙墓《どこうぼ》、石棺墓などが検出され、甕棺墓からは一三六体の人骨が出土した。これらの人骨の平均身長は縄文人と比較してやや高く、顔も面長になっていることから、朝鮮半島との交流による混血が考えられている。副葬品としては、奄美大島以南の熱帯・亜熱帯太平洋海域に生息するゴホウラ貝でつくった腕輪や、石剣、石鏃《せきぞく》、玉などが出土した。一帯は史跡公園となっており、金隈遺跡展示館にはこれらの甕棺群が発見当時の姿のまま保存展示されている。国指定史跡。

周辺の見所

■東光《とうこう》寺《じ》剣塚《けんづか》古墳

アサヒビール博多工場敷地内にある、福岡平野最大級、墳長七五mの前方後円墳。築造は六世紀中頃と考えられている。隣接して、これよりやや早いと考えられる剣塚北古墳があり、埴輪などが出土したが、墳丘や埋葬施設など

東光寺剣塚古墳（吉村靖徳氏撮影）

は残されていない。出土遺物はアサヒビール工場内の展示館で見学でき、入館証の返却と引き換えに記念のステッカーがもらえる。

■那珂八幡《なかはちまん》古墳

福岡平野最古級の前方後円墳で、推定全長八五m、四世紀初頭の築造と考えられている。割竹形木棺《わりたけがたもっかん》、三角縁神《さんかくぶちしん》獣鏡《じゅうきょう》一面などが出土したが、この三角縁神獣鏡は、京都府・椿井大塚山《つばいおおつかやま》古墳、岡山県・湯迫車塚《ゆばくるまづか》古墳出土の鏡と同笵鏡《どうはんきょう》（同じ鋳型でつくられた鏡）とされる。ヤマト王権の発生期と同時期のものと推定される古墳で、その関連性が指摘されている。前方部は消滅し、後円部墳頂には那珂八幡宮社殿がある。出土遺物は福岡市埋蔵文化財センターに保管されている。

■福岡市埋蔵文化財センター

昭和五十七年開館。福岡市内の出土品や調査記録などの考古資料を所蔵・管理し、保存処理・分析調査などを行っている。

■日拝塚《ひはいづか》古墳

六世紀築造の全長約六〇mの前方後円墳。墳丘の主軸がほぼ東西を向いており、彼岸の時期には約一六km東方の大根《おおね》地山《ちやま》から昇る朝日を拝むことができることから、「日を拝む塚」として

那珂八幡古墳出土の三角縁神獣鏡
（福岡市埋蔵文化財センター蔵）

那珂八幡古墳（吉村靖徳氏撮影）

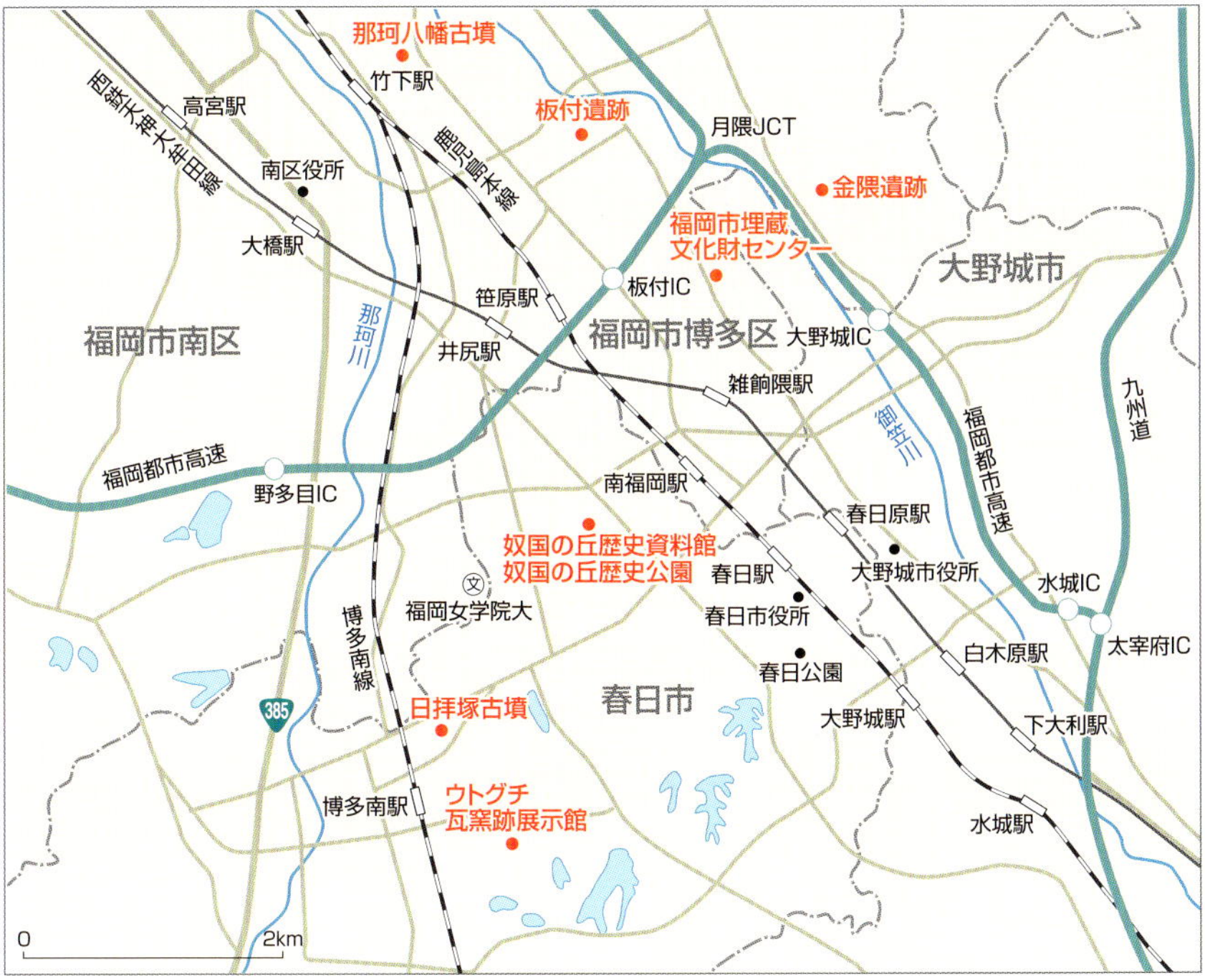

モデルコース（所要時間：約 6 時間）

博多バスターミナル［バス25分］板付団地第二バス停［徒歩 3 分］板付遺跡［徒歩15分］板付バス停［バス 8 分］金隈バス停［徒歩10分］金隈遺跡［徒歩 5 分］金隈遺跡前バス停［バス20分］JR 南福岡駅［徒歩20分］奴国の丘歴史資料館・奴国の丘歴史公園［バス15分］バスセンターバス停［春日市コミュニティバス20分］ウトグチ瓦窯展示館［徒歩15分］日拝塚古墳［徒歩10分］JR 博多南駅

「日拝塚」と呼ばれるようになった。

昭和四年に盗掘を受け、その後石室内から須恵器、鏡、装身具、武器、馬具などが多量に出土した。現在、出土品の大部分は東京国立博物館に収蔵されているが、奴国の丘歴史資料館には日拝塚古墳出土とされる金製垂飾付《きんせいすいしょくつき》耳飾《みみかざり》が展示されている。国指定史跡。

ウトグチ瓦窯跡

昭和六十二年、通称「ウトロ」地区の丘の斜面から二基の登窯などが発見された。そのうちの一基には鴟尾《しび》、鬼瓦のほか多くの瓦が残っており、これらの瓦の文様の系譜は奈良県の山田寺に辿ることができるという。七世紀後半の窯跡で、瓦窯としては九州で最も古いものの一つに数えられる。隣接してウトグチ瓦窯展示館があり、発掘当時のままの状態で保存展示されている。

［清原］

10 遠の朝廷――太宰府

太宰府市・大野城市・筑紫野市

今から約一三五〇年前、九州統括の府として、また外交の窓口として設置され、その繁栄から「遠《とお》の朝廷《みかど》」と呼ばれた大宰府。現在では太宰府天満宮の門前町としての賑わいを見せ、全国にその名を知られている。

大宰府政庁跡と四王寺山（北川博英氏撮影）

■大宰府政庁跡

六六三年の白村江の敗戦後に置かれた大宰府の跡地。かつて「遠の朝廷」と詠われた大宰府も、今は点在する礎石にその栄華の跡を残すのみである。正面には四王寺山《しおうじやま》が広がり、空と大地との一体感は、まさに「四神相応《しじんそうおう》の地」と呼ぶにふさわしい。国指定特別史跡。周囲には多くの樹木が茂り、初夏にはホタルも飛び交う人々の憩いの場所でもある。

大宰府政庁跡の一角には大宰府展示館がある。発掘作業の際に出土した、奈良時代の排水遺構を現状保存するために建てられた覆屋《おおいや》で、地下に掘られた東西二つの排水溝の跡が当時のままに展示されている。また、大宰府の出土遺物や復元模型、関係写真パネルなども展示されており、史跡解説員から大宰府に関する詳しい説明を聞くこともできる。

■水城跡

白村江の敗戦後、六六四年に築造された水城は、博多湾方面からの敵の侵入を想定し、大宰府を守るため築かれた、直線状の堀と長さ一・二kmに及ぶ土塁の防御施設である。土塁には二カ所に開口部があり、そこに門があったことが発掘によって確認されている。土塁の内部には、御笠《みかさ》川から堀に水を流すための木樋《もくひ》が通っており、この木樋の埋納状態が水城東門跡近くに復元されている。国指定特別史跡。

近くの国分小学校裏山にある展望台からは水城跡が一望できる。また、県道一一二号線沿いに駐車場が整備されており、毎週金・土・日曜日はボランティア解説員が常駐しているので、水城の歴史や構造など詳しい解説をしてもらえる。

大野城跡・四王寺山

水城築造の翌年、六六五年に大城山《おおきやま》の山頂に大野城が築かれた。尾根沿いに版築土塁《はんちくどるい》を巡らし、谷を通過する箇所には石垣が築かれている。中でも、全長一五〇m余りの百間石垣（四一頁写真参照）は城内最大で、その圧巻の姿は道路からも見学可能。城内には倉庫跡の礎石が残り、武具や炭化した米粒などが検出された。国指定特別史跡。

宝亀五（七七四）年、大野城の跡地に四天王像を奉納して新羅《しらぎ》調伏《ちょうぶく》祈願の寺が建立され、四王寺と称した。これにちなんで大城山を中心とした岩屋山、水瓶山《みずかめやま》、大原山の四つの山を「四王寺山」と称するようになった。

中世に入ると岩屋山に岩屋城が築かれた。天正十四（一五八六）年、大友氏配下の高橋紹運《じょううん》は、総勢七六〇余名で五万ともいわれる島津勢をこの城で迎え撃ち、全員玉砕して果てた（岩屋城の戦い）。「戦国の花」と詠われた紹運とその臣下たちを称えて「嗚呼壮烈岩屋城址」の碑が建てられている。また、岩屋城二ノ丸跡には紹運の墓が残っている。

昭和五十一年には四王寺山に「県民の森」がオープンした。歴史を見続けてきた山は今、歴史に翻弄された人々の安らかな眠りの場所となり、訪れる人たちの憩いの場所ともなっている。

水城跡全景（九州歴史資料館提供）

周辺の見所

太宰府天満宮

菅原道真の霊廟として知られ、人々の篤い信仰を集めている全国天満宮の総本社。国宝『翰苑《かんえん》』をはじめ、多くの文化財を所蔵する。初詣には九州はもとより全国から毎年二百万人以上の参詣者がある。四季を問わず参拝の人の波は絶えないが、特に飛梅《とびうめ》の開花時期や受験シーズンは、正月と並んで大勢の参拝客が訪れる。境内の梅の木は約二百種、約六千本余りで、季節には馥郁《ふくいく》たる香りが漂う。さらに樹齢一五〇〇年ともいわれる樟の木や、紫陽花、花菖蒲など、天満宮は花の社《やしろ》でもある。本殿及び境内に建つ多くの摂社・末社なども隠れたパワースポットとして人気がある。熱々の名物・梅ケ枝餅を頬張りながら、門前の賑わいの中、土産店を覗いて回るのも楽しみの一つ。毎月、道真の生誕日・命日である二十五日にはヨモギ、平成二十七年の九州国立博物館開館十周年を記念して、十七日には古代米の梅ケ枝餅も店頭に並ぶ。

太宰府天満宮本殿（岩永豊氏撮影）

■光明禅寺《こうみょうぜんじ》

文永十（一二七三）年、鉄牛円心《てつぎゅうえんしん》によって建立された、「苔寺《こけでら》」とも呼ばれる禅寺。その名の通り庭園は碧《あお》く苔生《こけむ》し、前庭は七・五・三の十五石で光の字に配石された「仏光石庭《ぶっこうせきてい》」、裏庭は青苔によって陸、白砂で海を表した枯山水の「一滴海庭《いってきかいてい》」である。秋の紅葉が有名だが、春の石楠花や夏の若葉、また冬の雪の風情も趣きがある。寺の西側には謡曲「藍染川《あいぞめがわ》」の舞台となった藍染川が流れ、傍らに「梅壺侍《うめつぼじ》従《じゅう》蘇生《そせい》の碑」があり、碑の奥には渡唐天神伝説ゆかりの「伝衣塔《でんえとう》」がある。

■竈門《かまど》神社

宝満山《ほうまんざん》の山頂に上宮、麓に下宮がある。祭神は玉依姫《たまよりひめ》・応神天皇・神功皇后。創建は大宰府の鬼門除けとして祭祀が行われた七世紀後半とされる。延暦二十二（八〇三）年、遣唐使船の平安を祈って、最澄が大宰府竈門山寺で薬師仏四軀を彫ったと伝わるが、その跡地が神社への石段の途中、右手にある礎石群の場所であると考えられている。また、弘仁九（八一八）年、最澄は「六所造宝塔願文」を記しているが、そのうちの「筑前宝塔院」については、沙弥《しゃみ》証覚《しょうかく》が承平三（九三三）年に「竈門山分塔を造立した」という記事が残っており、竈門山に建立されたことが知られる。昭和五十六年、竈門神

光明禅寺の紅葉

社下宮より東北約七〇〇mの地点でこの宝塔跡遺物が発見され、筑前の六所宝塔と確認されるに至った。六カ所の宝塔のうち、所在が明らかになった唯一の宝塔である。平成二十一年には推定宝塔跡地に六所宝塔が建立された。

　桜や紅葉の名所としても知られ、また近年は縁結びの神として人気を集めている。周辺には伝教大師（最澄）銅像や、最澄が唐から持ち帰ったとされる「蓮華の灯《ともしび》」を守る妙香庵《みょうこうあん》などがある。

竈門神社下宮

■宝満山

標高約八三〇mの霊山。山頂には竈門神社上宮がある。かつては御笠山、竈門山とも呼ばれた。古くから信仰の対象として崇敬され、大宰府と密接に関わってきた歴史を持つ。山中には古代から近世にかけての遺構が良好な形で残っており、山岳信仰研究における重要な山として、平成二十五年、国史跡に指定された。山頂からの眺めは素晴らしく、四季を問わず登山客で賑わう。

■九州国立博物館

　平成十七年十月十六日開館。約百年ぶりに開館した日本で四番目の国立博物館で、九州では唯一。平成二十四年十月には開館七年にして入館者一千万人を突破。旧石器時代から近世末期（開国）までの日本文化の形成について展示する歴史系博物館で、運営、企画・展示、保存・修復など様々な分野において斬新な取り組みを行っている。博物館の裏側を見せるバックヤードツアーや様々なイベント、講演会など、「学校よりも面白く、教科書よりも分かり易い」博物館として進歩を続けている。

■観世音寺

　九州を代表する古刹。造営開始は七世紀後半に遡る。開基は天智天皇で、母・斉明天皇の菩提を弔うために発願したと伝わる。奈良の東大寺、栃木の下野薬師寺《しもつけやくしじ》とともに「天下三戒壇《かいだん》」の一つを有した（のちに戒壇院は独立）。

　延暦二十三年、遣唐使留学僧として唐に渡った弘法大師・空海は、大同元（八〇六）年十月に帰国したが、以後、入京するまでの約二年半余、大宰府観世音寺に止住《しじゅう》したことが知られる。

　閑静な境内には、京都・妙心寺の梵鐘と兄弟鐘とされる日本最古の梵鐘（国宝）が荘厳な佇まいを見せ、碾磑《てんがい》（石臼）や塔跡などの遺物・遺跡も多く残る。平安時代から鎌倉時代にかけての重要文化財の十五休の仏像をはじめ、貴重な文化財を多数所蔵、「府の大寺」として栄えた往時を偲ばせる。
観世音寺境内及び子院跡は国史跡、金堂及び講堂は県指定文化財。

観世音寺本堂（左。斎藤英章氏撮影）と国宝の梵鐘

戒壇院

観世音寺に隣接する鑑真《がんじん》ゆかりの寺。もともとは観世音寺に付随する戒壇院であった。境内には鑑真が唐から将来したとされる菩提樹の木が茂り、五月には多くの花をつける。裏手の民家の傍らには観世音寺ゆかりの僧・玄昉《げんぼう》の墓と伝えられる宝篋印塔《ほうきょういんとう》や、万葉植栽ボランティアの方々が大切にお世話されている「万葉植栽園」などもあり、一帯は古都の名残を残す「歴史の散歩道」となっている。

大宰府学校院跡

学校院（府学）は大宰府の官吏《かんり》の養成機関で、西海道諸国の郡司層の子弟を対象としていた。天応元（七八一）年の太政官符《だじょうかんぷ》には医生・算生二百余人とあり、医術や算術を学んでいたことがわかる。国指定史跡。

筑前国分寺跡

天平十三（七四一）年に聖武天皇の勅願により全国につくられた国分寺の一つ。伽藍《がらん》配置は中央に金堂、北に講堂、東に塔を配し、中門から伸びる回廊は塔を囲み金堂に取り付く。寺の周囲は築地《ついじ》によって囲まれていた。平安時代には廃絶していたと考えられるが、少なくとも金堂は十二世紀まで存続したと推測される。現在、塔跡には巨大な塔心礎が残る。現国分寺は、江戸時代、国分寺跡の一角に再建された寺で、伝薬師如来坐像（国指定重要文化財）を安置する。近くの太宰府市文化ふれ

戒壇院（斎藤英章氏撮影）

あい館には、国分寺七重塔の十分の一の復原模型が展示されている。国指定史跡。

国分瓦窯跡

筑前国分寺跡の北東約二〇〇mに位置する。現在、灌漑用水の溜池の中に水没しているため、その姿を見ることはできないが、二基の窯跡が保存されており、うち一基について実測調査が行われた。窯跡は煉瓦状粘土でつくられた地下式有階無段登窯で、瓦類と須

筑前国分寺跡（斎藤英章氏撮影）

恵器片が出土した。大宰府政庁、国分寺、観世音寺などの瓦を焼いたと推定される。国指定史跡。

榎社《えのきしゃ》（榎寺）

菅原道真の謫居《たつきょ》跡で、「府《ふ》の南館《なんかん》」と呼ばれた大宰府政庁の官舎であったといわれる。治安三（一〇二三）年、大宰大弐《だいに》・藤原惟憲《これのり》が、道真の霊を弔うため浄妙院を建立。境内に榎の大樹があったので「榎寺」とも呼ばれるようになった。毎年九月の太宰府天満宮の神幸式大祭では、道真の神霊はここに下り、一夜を過ごして翌日天満宮本殿に遷御する。

隈麿之奥都城《くままろのおくつき》

道真は大宰府へ左遷された時、紅姫《べにひめ》と隈麿という二人の幼い子供を伴ってきたが、翌年、隈麿は病のため急逝した。榎社の東側には「隈麿之奥都城」とされる祠がある。紅姫のその後は不明であるが、榎社の社殿裏と、隈麿之奥都城から東へ徒歩四、五分の所の二カ所に紅姫の供養塔がある。

般若寺跡《はんにゃじ》

白雉五（六五四）年に筑紫大宰・蘇《そ》我《がの》日《ひ》向《むか》が孝徳天皇の病気平癒を祈って建立したとされる。もともとは筑紫野市塔原《とうのはる》にあり（塔原廃寺と呼ばれる）、それがこの地へ移転したと考えられている。現在、塔跡の一部と、径七三cmの円形の穴が彫り込まれた塔の心礎が残されている。寺域内には、各面に梵《ぼん》字《じ》が彫られた総高三・三五mの鎌倉時代の七重塔が現存しており、重要文化財に指定されている。［清原］

般若寺の石造七重塔

三浦の碑

御笠川に架かる五条橋付近には、文政十三（一八三〇）年建立の「三浦の碑」がある。博多聖福寺の仙厓《せんがい》の碑文によると、この場所に三つの浦（伊勢・二見浦《ふたみがうら》、紀州・和歌浦、博多・箱崎浦）の御汐井《おしおい》を取り寄せて川の水を清めたという。太宰府天満宮に参詣する人々がこの場所で口をすすぎ、身を清めたといわれている。五条地区は、太宰府天満宮へ参詣する宰府往還やどんかん道（太宰府天満宮神幸式大祭の行列が通る道）が交差する要衝で、高橋口や五条口などの構口《かまえぐち》跡や明治期に建てられた「梅大路《うめおおじ》」の道標も残る。

また五条から太宰府天満宮周辺は恵比須様（石像）が多く祀られていて、十二月三日の恵比須祭り（七所《ななとこ》詣り）の風習も残る。

上：五条交差点付近にある金掛天満宮／下：関屋の一の鳥居

金掛《かねかけ》天満宮

西鉄五条駅から歩いてすぐの五条交差点付近には金掛天満宮と呼ばれる祠《ほこら》がある。もともとは太宰府天満宮ゆかりの六座（米屋）の旧家・古川家の屋敷神として祀られていたもので、菅原道真にまつわる「金掛けの梅」伝承が伝わる。幕末、古川家を訪れた五卿の一人・三条実美《さねとみ》が詠んだ「梅ケ枝にかかる黄金の花もまた根にかへりてや咲きいづるらむ」の歌碑が建てられている。

関屋の一の鳥居・苅萱《かるかや》の関跡

西鉄都府楼《とふろう》駅付近の関屋は旧日田街道（博多往還）沿いで、大宰府政庁跡や太宰府天満宮など宰府方面への道と、通古賀《とおのこが》・二日市方面への道とに分岐する。宰府方面へ向かう「さいふまいりの道」（宰府往還）に、幕末の福岡藩主・黒田斉溥《なりひろ》（長溥《ながひろ》）が文久二（一八六二）年に寄進した一の鳥居が建つ。付近には、かつての関所「苅萱《かるかや》の関」跡の碑や関屋の恵比須堂もある。

王城《おうぎ》神社

旧日田街道沿いの通古賀（扇屋敷）には、御神木の大きな樟や銀杏が目印の王城神社が鎮座している。王城神社は、大野山（四王寺山・王城山）とのゆかりが深く、大野城が築かれた際に通古賀に遷されたという。衣掛《きぬがけ》天満宮や国分天満宮、坂本八幡宮など旧水城村地区十社の代表社で、王城大明神・事代主命《ことしろぬしのみこと》（恵比須様）を祀る。神前で鯛に一切手を触れずに真魚箸《まなばし》と包丁だけでさばく真魚箸神事をはじめ、毎月一日の月例祭、宮座やえびす大祭な

モデルコース（所要時間：約７時間）※九州国立博物館を見学しない場合は約５時間
西鉄都府楼前駅［徒歩20分］水城東門跡［徒歩20分］西鉄都府楼前駅［コミュニティバス５分］大宰府政庁跡・大宰府展示館［徒歩10分］観世音寺・戒壇院［徒歩20分］西鉄太宰府駅［徒歩５分］太宰府天満宮［徒歩５分］九州国立博物館［徒歩５分］光明禅寺［徒歩５分］西鉄太宰府駅

どの伝統行事も続いていて、氏子会や地域の人々によって社叢《しゃそう》が大切に守られている。

付近には、医師で勤王の志士でもあり、幕末の太宰府に滞在した五卿とも交流のあった陶山一貫《すやまいっかん》の旧家跡に「三条実美公御手植えの松」がある（個人私有地内）。また、通古賀周辺には、通古賀の飛梅や鶴の墓、薬師山、田中（長者）の森、どんかん道の幸橋など、伝承・伝説にちなむ場所も多い。

［竹川］

王城神社（川原敏明氏撮影）

11 文明のクロスロード――筑紫野

筑紫野市

太宰府市とともに「大宰府」の歴史を紡いできた筑紫野。江戸時代には、長崎街道、日田街道、薩摩街道が合流する場所として九州でも有数の交通量を誇ったといわれ、様々な人や文化が行き交った。幕末の五卿をはじめ、坂本龍馬、吉田松陰など歴史に名を残す人たちが訪れている。

■二日市宿

二日市は古くから経済・交通の要衝であった。天正十九（一五九一）年、筑前領主・小早川隆景《たかかげ》が二日市に「送り伝馬《てんま》」の制札を出しており、すでにこの頃には宿駅の機能を有していたことがわかる。かつて市場として栄えた二日市は、宿場としての重要性も備えていくようになる。江戸時代には日田街道の宿駅となり、九州の諸大名も宿泊・休憩した。

筑紫野市内の日田街道は、現在でも二日市中央通り（二日市宿跡）・紫・石崎・針摺《はりすり》峠など大部分が残っており、市民の生活道路として利用されている。

■原田宿

原田宿は、筑前六宿の一つに数えられる長崎街道の宿場で、口留《くちどめ》番所（関番所）が置かれていた。南には、筑前・筑後・肥前三国の国境があり、一帯は三国坂（峠）と呼ばれる急峻な山であった。この険しい坂の往来や、長崎街道最大の難所とされた冷水《ひやみず》峠を越える前の腹ごしらえとして「はらふと餅」という塩餡の餅が名物となった。筑紫神社から徒歩約五分の伯東寺には、はらふと餅を搗《つ》いたという石臼が残されている。

■山家《やまえ》宿

山家宿は筑前六宿の一つで、西構《にしかまえ》口《ぐち》跡や大庄屋役宅跡、郡屋跡が残されている。郡屋とは、主要な宿場に置かれていた村役人の集会所のこと。御笠《みかさ》郡では山家・原田・二日市に置かれていたが、現存するのは山家のみである。文久二（一八六二）年の指図（平面

山家宿の西構口跡

図）には、郡屋守の屋敷、宝蔵、郡屋、稲屋、穀蔵、土蔵などが描かれている。現在は郡屋本体と宝蔵は残っていないが、その他は保存されており、自由に見学することができる。

周辺の見所

■二日市温泉

開湯は約一三〇〇年前、藤原虎麿《とらまろ》が薬師如来のお告げで温泉を発見し、娘の瑠璃子《るりこ》姫の病を治したことが始まりとされる。文献上の初見は、『万葉集』の大伴旅人《たびと》の歌。古くは「次田《すいた》の湯」、薬師如来伝説から「薬師温泉」、近世は「武蔵温泉」と呼ばれた。江戸時代には、福岡藩主・黒田氏専用の「御前湯」が置かれた。博多の奥座敷として賑わいを見せ、幕末の五卿や、夏目漱石、野口雨情、高浜虚子などの文人たちもこの湯を訪れている。

二日市温泉の博多湯（木下陽一氏撮影）。万延元（1860）年創業

■天拝山歴史自然公園

天拝山の麓に広がる自然公園。園内には藤原虎麿像、水上コテージや万葉植物園などがある。園入口横には陶板で複製された「武蔵寺縁起絵図」が展示されている。

■武蔵寺《ぶぞうじ》

九州最古の寺とされ、境内から出土した経筒《きょうづつ》から十一世紀頃までには建立されていたことが確認されている。

縁起によると、薬師如来が宿る椿の木の精である怪火を退治した藤原虎麿の夢に、その霊木で薬師像をつくって祀るようお告げがあり、虎麿は早速薬師像を刻み堂を建てて祀った。これが建立の由来であるという。その後、死期が迫った虎麿は、自分の名にちなみ、藤の木を植えること、自分の遺骸は薬師堂のそばに葬り、そこで法要を行うことと遺言して亡くなった。堂や塔は建武年間（一三三四－一三三八）の戦火で失われたが、境内には樹齢七百年以上といわれる藤の木があり、毎年ゴールデンウィークには藤祭りが開催される。また、法要も「地蔵会」と

武蔵寺

筑紫神社（川原敏明氏撮影）

して現在に至るまで長く続けられている。

■御自作天満宮《ごじさく》

御自作天満宮という社号は、菅原道真が自身の等身大の木造坐像（御自作天神）を刻んだとされることに由来。現在の御神体である。天正十四（一五八六）年、島津軍の兵火を受け、頭部だけは運び出された。その後、元禄年間（一六八八－一七〇四）に修復され、新しく社殿を建てて祀った。毎年一・四・十月の各二十五日に御開扉《ごかいひ》が行われ、御神体を拝むことができる。

■筑紫神社

「筑紫」国号の起源とされる、九州でも最古の神社の一つで、貞観元（八五九）年従四位下、元慶三（八七九）年には従四位上の神階奉授の記事が残る。「筑紫」の由来として、険しい坂を越えるため馬の鞍《くら》が擦り切れる「鞍尽くし」、荒ぶる神が往来の人の命を奪う「命尽くし」、死んだ人の棺を作るため木を伐採した「木尽くし」という説がある。

境内には「招霊《おがたま》の木」や、十月から翌年の二月頃まで咲き続ける「ジュウガツザクラ」など多くの花樹がある。毎年三月十五日には、筑前・筑後・肥前・豊前の旧四国を対象として稲・麦作の豊凶を占う「粥占祭《かゆうらまつり》」が行われる。

五郎山古墳館の石室模型（筑紫野市歴史博物館蔵、吉村靖徳氏撮影）

■五郎山古墳《ごろうやま》

装飾壁画を持つ筑紫野市最大級、径約三五ｍの円墳で、六世紀後半の築造とされる。昭和二十二年に発見された。壁画は人物、動物、船、家など多くの具象画で構成されており、物語性を持つことが指摘されている。併設の五郎山古墳館には実物大の石室模型が設置され、羨道《せんどう》が電動で開く仕組みになっていて、車椅子など、身体の不自由な方にも優しい対応となっている。実物と寸分違わぬという古墳内部の構造や壁画を目の当たりにできるのも嬉しい。国指定史跡。

モデルコース（所要時間：約 5 時間）
西鉄二日市駅［徒歩15分］二日市宿跡・JR 二日市駅［徒歩10分］二日市温泉［徒歩10分］天拝山歴史自然公園［徒歩20分］JR 二日市駅［電車 5 分］JR 原田駅［徒歩10分］原田宿跡・五郎山古墳［徒歩10分］筑紫神社［徒歩15分］筑紫駅前バス停［バス 5 分］山家駅バス停［徒歩 5 分］山家宿跡［徒歩 5 分］山家駅バス停［バス 5 分］筑紫駅前バス停

■**塔原《とうのはる》塔跡（塔原廃寺）**

県道三一号線、塔原交差点の歩道橋の傍らにあり、塔原という地名の起源になったともいわれる。古代寺院の塔心礎で、九州では二例のみという、中心に二段になった方形の舎利孔《しゃりこう》を持つ。太宰府市の般若寺の前身の跡地ではないかと考えられている。国指定史跡。

ちょっと足をのばして

■**天拝山《てんぱいざん》**

菅原道真が自らの無実を訴えて、この山で天に祈ったという伝説から天拝山、古くは天判山《てんぱんざん》と呼んだ。山頂には天拝社があり、近くには道真がつま立って祈ったという「おつま立ちの岩」（天拝岩）がある。天拝山の登山口近く、武蔵寺の境内入口に、山に登る道真が身を清めたとされる「紫藤《しとう》の滝」、衣を掛けたという「衣掛け石」などがある。

［清原］

12 筑前の小京都――秋月

朝倉市

「筑前の小京都」と呼ばれ、春の桜や秋の紅葉の時期など年間を通じて多くの観光客が訪れる秋月。その象徴ともいえるのが秋月城跡である。秋月城（陣屋）は、中世にこの地を拠点にした秋月氏の古処山《こしょさん》城の一部を利用して、江戸期に築かれたとされる。

垂裕神社参道と黒門（木下陽一氏撮影）

長らくこの地を拠点とした秋月氏は、天正十五（一五八七）年、豊臣秀吉により日向高鍋に移された。江戸期に入ると、福岡藩初代藩主・黒田長政の叔父・黒田直之《なおゆき》が一万石を与えられて秋月に居を構えた。元和九（一六二三）年、長政の遺命により福岡藩本藩から夜須《やす》・下座《げざ》・嘉麻《かま》の三郡五万石が分知され、初代秋月藩主として、黒田長政の三男・長興《ながおき》が入封した。長興は、直之の居館があった場所を大幅に改修し、秋月城（藩庁と藩主居館などのいわゆる陣屋）と城下町が建設された。

その後、江戸期を通して秋月藩黒田氏十二代の陣屋として続き、明治六（一八七三）年の廃城令によって廃城となり、一部を残して撤去された。

約四・三haにも及ぶ城跡は、昭和五十五年に県指定史跡となった。「杉の馬場」の通りに面する秋月城跡（秋月中学校と梅園公園を含む）には、藩祖・黒田長興を祀る垂裕《すいよう》神社、堀や石垣、瓦坂《かわらざか》など多くの遺構があり、往時を偲ばせる。現在、垂裕神社参道の神門となっている黒門は、本来古処山城の搦手門《からめてもん》であったという。江戸期の改修で現在の瓦坂の場所に移され大手門として使用され、明治初期に垂裕神社の

長屋門（木下陽一氏撮影）。秋月城跡の遺構で唯一当時の場所に建つ

神門となった。また奥御殿へ通じる裏手門であった長屋門は、秋月城跡の中で唯一当時の場所に残る歴史的建造物である。

城の堀に沿って約五〇〇ｍにわたって延びる「杉の馬場」。かつては杉の大木が密生し、藩士たちがここで馬術の稽古をしていたことからその名がついたという。現在は桜並木があり、茶屋や土産物店も並ぶ観光名所となっている。

秋月の城下町は、今も当時の町割や歴史的景観が残り、武家屋敷や秋月藩主の菩提寺である古心寺《こしんじ》をはじめ、大《だい》涼寺《りょうじ》、長生寺、日照院、西念寺、秋月八幡宮など多くの寺社がある。また、秋月街道沿いには、特産品である葛の老舗・廣久葛本舗《ひろきゅうくずほんぽ》や石田家住宅など風情のある町並みが残り、裏路地の水路や野鳥《のとり》川沿いの小路も趣がある。

このように、かつての城下町の佇まいと周囲の自然、田園風景が見事に調和した秋月は、平成十年、国の重要伝統的建造物群保存地区に指定された。

そして秋月の地は、戦国武将・秋月氏の逸話、武勇を誇った秋月藩黒田家藩士の島原の乱出陣や、緒方春朔《しゅんさく》による種痘の開発、秋月の乱、臼井六郎による最後の仇討ち事件など、様々な歴史物語を秘めている。歴史や伝統、四季折々の日本情緒を体感できる秋月

秋月城下の町並み

の散策をぜひお勧めしたい。

周辺の見所

■秋月郷土館・秋月美術館

旧秋月藩士・戸波家の邸宅と藩校・稽古館跡の敷地に、歴史資料館と郷土美術館からなる秋月郷土館がある。甲冑や刀剣、古文書などの秋月藩黒田家ゆかりの歴史資料に加え、ルノワールやピカソ、下村観山、横山大観などの近代有名画家の作品や秋月出身の芸術家の作品なども展示されている。また、すぐ近くの杉の馬場入口辺りには秋月美術館があり、高取焼の名品などを鑑賞することができる。

秋月郷土館。入口は戸波邸の長屋門を修復したもの

■久野邸・田代家住宅

久野邸は、江戸初期より代々続いた秋月藩直参の上級武士の屋敷で、当時の武家屋敷の様相を色濃く残している。久光製薬（鳥栖市田代）ゆかりの屋敷であることから、同社がこの貴重な文化財を後世に残すべく所有し、整備・保存・公開している。

久野邸の近くには時櫓《ときやぐら》の跡もある（現在宮地嶽神社の社殿が建つ）。ここに鐘が置かれて城下に時刻を知らせた。

久野邸の近くにある坂は、江戸期からの観月の名所で「月見坂」と呼ばれている。ここを上った所に、秋月藩家老の屋敷跡で、主屋・土蔵・門・土塀・庭園などが良好に残る田代家住宅があり、公開されている。

上：月見坂。江戸時代に藩士たちがここで月見をしたという。右奥が田代家住宅／右：古心寺の黒田家墓碑

■古心寺

秋月藩初代藩主・黒田長興が、父で福岡藩初代藩主の長政の菩提を弔うため正保四（一六四七）年に建立した臨済宗大徳寺派の寺院である。秋月黒田家歴代藩主と一族の廟所・菩提寺であり、明治期の最後の仇討ち事件で知られる臼井六郎の墓などがある。

目鏡橋

野鳥川に架かる目鏡橋は約二百年の歴史があり、県の有形文化財に指定されている。秋月藩は本藩の福岡藩と同様に長崎警備を担当していた関係こともあり、長崎から呼び寄せられた石工が架橋工事にあたった。洪水に流されることもなく今も現役の橋として活躍するその姿に、当時の石工の技術の高さが窺える。

［竹川］

モデルコース（所要時間：約５時間）

甘木鉄道甘木駅・西鉄甘木駅［バス20分］郷土館前バス停［徒歩５分］杉の馬場・秋月郷土館［徒歩５分］秋月城跡（瓦坂・長屋門他）［徒歩５分］黒門・垂裕神社［徒歩10分］月見坂・田代家住宅［徒歩５分］久野邸［徒歩15分］古心寺［徒歩10分］廣久葛本舗［徒歩５分］目鏡橋［バス20分］甘木鉄道甘木駅・西鉄甘木駅

目鏡橋（木下陽一氏撮影）

13 伝説に彩られた朝倉路

朝倉市・筑前町・東峰村

邪馬台国の候補地にもあげられる朝倉地域。神功皇后伝説や斉明天皇の朝《あさ》倉橘広庭宮《くらのたちばなのひろにわのみや》伝承など、伝説のベールに包まれたこの地域は、由緒ある仏像など文化財の宝庫でもある。

■砥上《とかみ》神社（中津屋《なかつや》神社）

創建年代は不詳だが、天文十二（一五四三）年の祭祀記録が残る。神功皇后が新羅へ向かう際、兵士を集め「中宿なり」と宣したことから「中津屋」、兵器を研がせたので「砥上」と言うようになったという。砥上岳の山麓に位置し、周辺には観音塚古墳をはじめ六世紀頃の古墳が点在している。

大己貴神社（木下陽一氏撮影）

■大己貴《おおなむち》神社

我が国で最も古い神社の一つとされる神社。古くは大神《おおみわ》神社と呼ばれており、奈良県の大神神社との関連性が窺える。『日本書紀』には神功皇后が新羅へ向かう際、兵が集まらなかったので、社を建て、刀と矛を奉納すると軍衆が集まったという。神社に隣接して、神話をテーマにした遊具をそろえた「歴史の里公園」がある。

■仙道《せんどう》古墳

六世紀の築造で径四九mの円墳。墳丘や周溝から盾持武人《たてもちぶじん》埴輪などの形《けい》象《しょう》埴輪や円筒埴輪、朝顔形円筒埴輪などが出土した。石室内に赤・緑色で幾何学文の装飾が施されている。古墳

仙道古墳（吉村靖徳氏撮影）

公園として整備され、春・秋には石室が一般公開される。国指定史跡。

■平塚川添遺跡

平成二年、工業団地の造成中に発見された。弥生時代中期から古墳時代初頭までの約三百年にわたって営まれた遺跡で、邪馬台国の王都に比定する説もある。多重の環濠《かんごう》、竪穴住居跡や掘立柱建物跡、工房跡と推定される小集落跡が確認された。土器などの出土遺物は甘木歴史資料館に保管されている。平成十三年、遺跡公園として開園、植生の調査結果に基づいて古代の森が復元されている。国指定史跡。

■橘の広庭公園

六六一年、筑紫に下ってきた斉明天皇の朝倉橘広庭宮跡の候補地の一つ。残念ながら宮跡と特定される遺跡の出土はまだ見られていないが、この場所とされるのは里人の伝承によるもの。一帯からは八世紀の瓦が出土し、奈良―平安時代の寺院跡と考えられる長安寺廃寺跡、猿沢の池、天子の森、宮野など、宮跡を偲ばせる名称を持つ場所が点在する。

上：平塚川添遺跡／下：恵蘇八幡宮（木下陽一氏撮影）

■恵蘇《えそ》八幡宮

斉明天皇が八幡大神を勧請《かんじょう》し宮社を創建したのが始まりで、白鳳元年に恵蘇八幡宮としたと伝えられる。現在の本殿は安永元（一七七二）年の築造。毎年十月中旬の恵蘇八幡宮神幸祭には獅子舞が奉納されるが、その獅子頭は享保五（一七二〇）年の作で県の有形民俗文化財に指定されている。

神社裏には、斉明天皇の遺骸を仮に葬ったという御陵山があり、中腹には中大兄皇子《なかのおおえのおうじ》が喪に服したという「木《き》の丸殿《まろどの》」跡や、中国の様式を模倣した漏刻（水時計）の模型がある。

■杷木神籠石《はきこうごいし》

昭和四十二年に発見された古代山城跡で国史跡に指定されている。この杷木神籠石の域内に中世城郭の長尾城と鵜木《うのき》城が築かれ、現在は鵜木公園として整備されている。

周辺の見所

■安長寺

創建は延喜年間（九〇一―二三）とされる。「安長寺縁起」によれば、夜《や》須《す》郡の領主・甘木遠江守安長が幼い頃、疱瘡《ほうそう》を患ったが、その父・安道が生駒《いこま》郡矢田（奈良県）の金剛山寺に参籠《さんろう》し、一命を取り留めた。長じた安長は、矢田の地蔵尊を延命地蔵尊として本堂に祀り、甘木山《かんぼくさん》安長寺と号した。この伝承から疱瘡除《ほうそうよ》けに御利益があるとして「豆太鼓バタバタ」が生まれた。毎年、正月四日と五日に、境内でバタバタ市が開催され、豆太鼓バタバタは無病息災、招福幸運を願う庶民のお守りとなっている。境内には須賀神社の樟と夫婦とされる県指定天然記念物の大樟が聳える。

須賀神社

応長二（一三一二）年、博多承天《じょうてん》寺《じ》住職の直翁《じきおう》が霊夢により社殿を建立。甘木山祇園禅寺と称し、五穀豊穣・無病息災の祭りを行った。以来、毎年七月十五日には山笠が奉納され、多くの参拝者で賑わう。

本殿は県指定有形文化財で、境内には安長寺の樟と夫婦とされる県指定天然記念物の「祇園の大樟」がある。この夫婦樟は大変に仲が良く、夜になると互いにフクロウに託して語り明かすのだとか。現在でも五月頃になるとアオバズクが住み着くという。幸運をもたらすとされるフクロウもまた、夫婦の大樟とともに代々歴史を重ねてきたのだろう。

須賀神社（木下陽一氏撮影）

川茸《かわたけ》元祖遠藤金川堂《かながわどう》

黄金《こがね》川で発見されたスイゼンジノリは「川茸」と名づけられ、寛政五（一七九三）年、秋月藩主に献上されて「寿泉苔《じゅせんたい》」という名を賜った。川茸は清流にしか生育せず、熊本県水前寺産が絶滅して以来、天然ものとしては黄金川が唯一の生育地であり、発見者の子孫である遠藤家では後世に伝えるべく大切に育てている。

南淋寺《なんりんじ》

大同元（八〇六）年、最澄の開基とされる。本尊は最澄作と伝えられる薬師如来坐像（国指定重要文化財）。もとは「南林寺」と称し筑後川河畔にあったが、度々川の氾濫に遭ったため、現在の地に移った。ところが、今度は戦火や火災などが続き、「林に水を注げ」とのお告げを受け「南淋寺」と改称したという。室町時代の梵鐘や南北朝時代の雲板《うんばん》、石造宝篋印塔《ほうきょういんとう》など多くの文化財を所蔵する。

比良松《ひらまつ》の町並み

慶長年間（一五九六－一六一五）以前、須川村の庄屋であった古賀新左衛門が、四方に枝を広げた平らな松を植え、村名を平松としたことに由来する。松は明治十（一八七七）年の火災で枯れてしまったが、跡地には明治十八年、この地域では最古の公会堂とされる現在の舒翠館《じょすいかん》（比良松公民館）が建てられた。旧街道筋には安政二（一八五五）年の大火の直後に再建された建物が、歴史的景観としてその面影を留めている。

比良松の町並み（木下陽一氏撮影）

朝倉水車群

寛文三（一六六三）年、度重なる干《かん》魃《ばつ》のため、筑後川から水を引く堀川用水が設けられ、その後、菱野、三島、久重の水車群が考案された。寛政元（一七八九）年の記録にはすでにその存在が記され、今も現役で活躍している日本最古の実働水車で、特に菱野三連水車は「田圃のＳＬ」の愛称で親しまれている。平成二年、「堀川用水及び朝倉揚水車群」として国の史跡に指定され、堀川用水は「疏水《そすい》百選」にも選ばれている。

菱野三連水車

山田井堰《いぜき》

寛文三年、筑後川の流れを堰き止めてつくられた灌漑《かんがい》用の井堰。今なお往時の面影を留め、一帯の田を潤している。この山田堰の工法は、ペシャワール会・中村哲氏らによってアフガン復興支援の灌漑用水モデルとして活用さ

山田井堰。今なお周辺の田を潤している

れている。

普門院

天平十九（七四七）年、聖武天皇の勅願を受け、行基《ぎょうき》が創建したと伝わる。もとは筑後川河畔にあったが、度重なる水害のために現在地に移されたという。本尊は行基作とされる十一面観音で、鎌倉時代末期の建立とされる本堂とともに国指定重要文化財。

円清寺《えんせいじ》

慶長九年、黒田孝高《よしたか》（如水《じょすい》）の死後、家臣の栗山利安《としやす》が菩提を弔うため建立。黒田家ゆかりの品々や、製作年代は不詳であるが、高麗時代初頭のものと考えられる銅鐘（国指定重要文化財）が伝わる。昔、干魃が続くと、この鐘を筑後川に沈める風習があり、雨乞いのため何度も川に沈められたという。

原鶴温泉

江戸時代、筑後川の河原で傷を負った鶴が湯浴《ゆあ》みしていたことから発見されたという。日田街道の志波宿《しわ》－久喜《くぐ》宮《みや》宿間の湯治場として賑わった。豊富な湯量と、「美肌の湯」ともいわれる良質の湯は、鵜飼見物などとともに人気を集めている。

ちょっと足をのばして

岩屋神社

旧宝珠山村（東峰村）に鎮座する。安閑天皇元（五三二）年、中国僧・善《ぜん》正《しょう》の開基とされる。欽明天皇八（五四七）年、宝珠石《ほうしゅせき》が天から飛来し、御神体として神殿に安置したことにより「宝珠山」と呼ばれ、地名の由来ともなった。十七世紀に建立された本殿は

上：普門院本堂／中：円清寺／下：岩屋神社本殿（木下陽一氏撮影）。巨岩のくぼみに建てられている

モデルコース（所要時間：約７時間）
西鉄甘木駅［車10分］平塚川添遺跡［車10分］西鉄甘木駅［徒歩10分］安長寺［徒歩５分］須賀神社［徒歩15分］西鉄甘木駅［車15分］遠藤金川堂［車20分］比良松の町並み［車10分］南淋寺［車10分］橘の広庭公園［車20分］恵蘇八幡宮・山田井堰［車10分］円清寺［車３分］普門院［車20分］JR 筑後吉井駅

国指定重要文化財。

■行者《ぎょうじゃ》杉

修験者たちが英彦山へ峰入りする際に奉納植栽したもので、樹齢二百ー六百年、三七五本の杉の巨木群を「行者杉」という。最大の大王杉をはじめ、霊験《れいげん》杉、境目《さかいめ》杉などと名前がつけられ、現在は遊歩道も整備されている。

■高取焼と小石原焼

旧小石原村（東峰村）には朝鮮陶工の流れを汲んだ茶陶中心の高取焼と、日用雑器中心の小石原焼の二つの陶器の流れがあった。のち、高取焼は福岡にも窯を構えたが、小石原焼はこの地で採れる陶土を原料として、約三五〇年の間、生活の中で使われる陶器を作り続けている。小石原焼伝統産業会館では、窯元の代表作の展示、両陶器の歴史や魅力などを紹介している。また、気軽に体験できる陶芸工房もあり、自分だけの作品づくりを楽しむことができる。

［清原］

14 北九州産業遺産めぐり

北九州市

昭和三十八年に門司、小倉、若松、八幡、戸畑の五市が合併して北九州市が誕生した。明治中期までは、城下町であった小倉を除くと、他の地域は塩田や田畑の広がる寒村であった。また、関門海峡は、都と西国や大陸を結ぶ玄関口として、源平合戦、戦国大名による領有権争い、幕末の下関戦争や豊長《ほうちょう》戦争など歴史が転換するきっかけとなった場所であった。

明治以降の日本の近代化における筑豊地域の石炭採掘の拡大に伴い、明治二十年代以降、門司港や若松港の開港や九州鉄道の開通などにより、多くのヒトやモノが集まる物流の拠点機能が整備されてきた。こうした中、「富国強兵・殖産興業」のスローガンのもと、産業の基盤ともいうべき製鉄所設立の機運が高まり、明治三十四（一九〇一）年、筑豊の豊富な石炭と交通の利便性を背景に、我が国初の銑鋼一貫《せんこういっかん》近代製鉄所が八幡に設置された。

北九州では、港湾と鉄道が一体となった国際貿易港と鈴木商店による食品工業が集積する門司、軍事産業が集積する小倉、石炭の集散地の若松、官営八幡製鐵所が操業する八幡、紡績や石炭関連産業と水産基地の戸畑と、様々な産業特性の顔を持つ都市が、関門海峡や洞海湾《どうかいわん》沿岸で互いに競いながら発展してきた。

大正五（一九一六）年六月の「大阪朝日新聞」の記事から、当時の北九州工業地帯の発展の様子が窺える。若松の小丘・金比羅山《こんぴらさん》から洞海湾を望み、眼下に数千を超す運炭船《うんたんせん》、巨大な製鐵所、安田製釘所《せいていしょ》、旭硝子、明治紡績、戸畑鋳物、帝国麦酒、浅野セメントなど大企業が集積する様子が伝えられ、数年後には戸畑名護屋浜に久原製鉄所の大工場が現出すると書かれている。北九州は、鉄道や港湾を基盤に多くの産業が集積し、「モノづくりのまち」として日本の近代化を支えてきた。

戦後の復興期においては、鉄鋼・金属などの重工業を中心に生産を拡大し、日本の高度経済成長の原動力となった。しかしながら、産業発展に伴い深刻な公害問題を経験した。市民、企業や行政が一体となって公害克服や技術革新に取り組み、世界の最先端の技術を有するまちとして、今でも日本経済の一翼を担っている。北九州市内には、日本の近代化を支えてきた産業遺産が、活用されながら保存されており、今では「世界遺産のあるまち」となった。北九州各地域の産業遺産を紹介する。

門司港駅（北九州市提供）。ネオ・ルネサンス調の気品のある外観

門司の産業遺産

　産業遺産が集積する門司港地区は、九州の玄関としての顔を持つ日本最初の重要文化財の木造駅舎・門司港駅（大正三年）、隣接して建つアール・デコ様式の重厚な旧JR九州本社ビルの旧三井物産門司支店（昭和十二年）、その前には三井物産の社交場でアインシュタインが宿泊した旧門司三井倶楽部（大正十年）、その隣にはレトロなエレベーターのあるアメリカ式オフィスビルの門司郵船ビル（昭和二年）と、八角の塔とオレンジの外観が美しい港のランドマークの旧大阪商船ビル（大正六年）がある。第一船溜《ふなだま》りを挟んで、港の入口に建つ瓦葺きの落ち着きのある赤煉瓦建築の旧門司税関（明治四十四年）。また、少し離れて縦長の窓を持つモダンな建物で、電話・通信の資料館のNTT門司電気通信レトロ館（大正十三年）がある。

　門司港駅の西側には、門司税関上屋《うわや》や国際航路の待合室として利用された旧大連航路上屋（昭和四年）。鉄道を挟んで東側には旧九州鉄道の本社であった九州鉄道記念館（明治二十四年）、門司区役所（旧門司市役所、昭和五年）や料亭として賑わった木造三階建て数寄屋《すきや》造りの三宜楼《さんきろう》（昭和六年）が

左：旧門司三井倶楽部。三角屋根とハーフティンバーが調和する洋館。和館も併設されている
右：旧門司税関。国際貿易都市・門司を見守り続ける建物

モデルコース：門司港レトロコース（所要時間：約 3 時間）
JR 門司港駅［徒歩 1 分］門司郵船ビル［徒歩 1 分］旧門司三井倶楽部［徒歩 1 分］旧大阪商船ビル［ブルーウィング・徒歩 5 分］旧門司税関［徒歩10分］NTT 門司電気通信レトロ館［徒歩10分］旧 JR 九州本社ビル［徒歩 5 分］三宜楼［徒歩 3 分］九州鉄道記念館［徒歩 3 分］門司区役所［徒歩10分］旧大連航路上屋［徒歩 7 分］JR 門司港駅

左：三宜楼（木下陽一氏撮影）。昭和 6 年建築の料亭で、木造 3 階建ての豪奢な造り
右：旧大阪商船ビル。八角の塔が印象的な港のランドマーク

旧古河鉱業若松ビル（北九州市提供）。市民の保存運動により甦った

ある。

門司港地区の南西に位置する大里《だいり》地区には、かつて日本最大の総合商社であった鈴木商店による食品工業を中心とした工場群が建設された。明治三十七年に創業した赤煉瓦の大里製糖所（現関門製糖）、帝国麦酒の事務所や工場として使用された門司赤煉瓦プレイス（事務所棟、醸造棟ほか。大正二、六年）、小森江《こもりえ》駅前には大里酒精製造所として使用されたニッカウヰスキー門司工場（大正二年）の赤煉瓦倉庫などがある。

若松・戸畑の産業遺産

洞海湾沿岸には、石炭に関連した産業遺産が多い。若松南海岸は「若松バンド」ともいわれ、筑豊の石炭が鉄道や川ひらた（川船）で搬送され、さらに大型船に積み替え関西方面を中心に輸送された。バンドには、石炭荷役の労働者の休憩所のごんぞう小屋（復元）や船着場などに当時の面影を見ることができる。主な建物としては、石炭商同業組合の事務所であった木造二階建ての石炭会館（明治三十八年）、三階建ての円塔を持つ赤煉瓦と石張りの壁が美しい若松バンドのシンボルの旧古河鉱業若松ビル（大正八年）や鉱《こう》滓《さい》煉瓦造り三階建ての旧三菱合資会社の上野ビル（大正二年）がある。上野ビル内部は吹き抜けの空間とステンドグラスの天井や回廊の鉄製の手摺りが特徴である。若戸大橋直下には枋木《とちき》ビル（大正九年）があり、当時としては珍しい鉄筋コンクリート造りの建物で水洗トイレが設置されていた。また、少し離れて明治二十八年創業の料亭「金鍋《きんなべ》」があり、和風の建物が石炭で繁栄した若松の賑わいを今に伝えている。

戸畑地区には、大正十五年完成の一

ニッスイ戸畑ビル。遠洋漁業の拠点となった

モデルコース：洞海湾と石炭の遺産コース（所要時間：約３時間）
JR 戸畑駅［徒歩10分］ニッスイ戸畑ビル［徒歩５分］一文字灯台（モニュメント）［徒歩７分］戸畑渡場・若戸大橋モニュメント［渡船３分］若松渡場［徒歩５分］わかちく史料館［徒歩３分］杤木ビル［徒歩３分］上野ビル［徒歩３分］旧古河鉱業若松ビル［徒歩１分］石炭会館［徒歩１分］ごんぞう小屋［徒歩10分］料亭金鍋［徒歩10分］JR 若松駅

文字埋立地に下関から拠点を移し、褐色のタイルと縦長の大きな窓が特徴の左右対称のニッスイ戸畑ビル（昭和十一年）があり、内部は水産業を紹介する資料館が設置されている。少し離れた港に、記念碑である一文字灯台（大正十五年）が建つ。牧山の麓の海岸には、鉄道線から直接船舶に石炭を積み込むために整備された石と赤煉瓦のアーチ状に連続する岸壁が残る。

また、日本の近代化を支えた安川敬一郎、松本健次郎のゆかりの場所があ

旧松本家住宅。ほぼ建築当時の姿で現存する

る。「技術に堪能《かんのう》なる士君子」の養成を教育理念として明治四十二年に開校した明治専門学校（現九州工業大学）で、辰野金吾《たつのきんご》が設計した正門と守衛室に当時の面影が残る。学内の旧標本資料室（昭和二年）に学校の歴史を紹介する明専アーカイブ、屋外に各種の工作機械が展示されている。大学の南側には、迎賓館兼住宅の旧松本家住宅（明治四十五年）があり、辰野設計のアールヌーボー様式の洋館と、大広間と和風庭園を備えた入母屋《いりもや》書院造りの日本館で構成されている。その北側は、中央に塔を持つスクラッチタイルが美しい旧戸畑市役所（昭和八年）があり、現在は戸畑図書館となっている。

■八幡の産業遺産

八幡地区には、旧官営八幡製鐵所の関連施設が多く残る。製鐵所の中核施設である東田第一高炉（モニュメント）が八幡のシンボルとして操業年の「一九〇一」を誇るように立っている。製鐵所構内には、世界文化遺産の構成資産で中央にドームを持つ和瓦屋根のある赤煉瓦建築の旧本事務所（明治三十二年）、ドイツの鋼材によって建てられた日本最古の鉄鋼建築の修繕工場（明治三十三年）や史料室になっている旧鍛冶工場（明治三十三年）がある。修繕工場は現役の施設として稼動している。製鐵所構内から洞海湾に沿うように美しい曲線を持つ石積みの専用岸壁が明治期から大正期にかけて建設され、一部は市民に開放されている。

また、製鐵所の関連施設として、工業用水確保のため昭和二年に完成した河内貯水池がある。製鐵所技師・沼田尚徳《ひさのり》の指揮のもと建設された。貯水池の堰堤《えんてい》（ダム）は、高さ約四三m、長さ一八九mのコンクリート製で、七つのブロックが組み合わされている。ダムの表面には多様な石が貼られ、ヨーロッパの古城を彷彿させる。堰堤の下には、亜字池《あじいけ》、太鼓《たいこ》橋のほか製鐵所構

左：東田第一高炉。鉄の街・八幡のシンボル／右：官営八幡製鐵所旧本事務所（新日鐵住金株式会社八幡製鐵所提供）。非公開施設だが、近くに眺望スペースが設けられている

モデルコース：製鉄のまち八幡コース（所要時間：約３時間）

JR 枝光駅［徒歩５分］安田工業八幡工場（安田製釘）［徒歩10分］炭滓鉄道・くろがね線（枝光橋・宮田山トンネル）［徒歩10分］旧官営八幡製鐵所専用岸壁［徒歩10分］旧本事務所眺望スペース［徒歩20分］いのちのたび博物館［徒歩３分］北九州イノベーションギャラリー［徒歩３分］東田第一高炉史跡広場［徒歩５分］JR スペースワールド駅

内への送水路がほぼ当時の姿で残る。堰堤から湖面に沿うように、構造や意匠の異なる五つの橋が架けられた。主な橋として、鋼材をレンズ形に組み合

河内貯水池と南河内橋。８年の歳月と90万人の労力で完成したダム。南河内橋は魚型橋や眼鏡橋の名称で親しまれている

わせた南河内橋（国指定重要文化財）や三連メガネの中河内橋、北河内橋が自然と一体になっている。堰堤周囲や建物に、貯水池を守るように扁額や石碑がつくられており、風水の思想が取り入れられている。

　製鐵所の八幡地区と戸畑地区を結ぶ炭滓《たんさい》鉄道のくろがね線（昭和五年）の枝光橋や宮田山トンネルがあり、トンネルの入口と出口でデザインが異なる。製鐵所の職工クラブとして建てられた鉱滓煉瓦の大谷会館（昭和二年）、迎賓館として建てられた高見倶楽部（昭和三年改築）や高見神社（昭和十二年）などもある。

■その他の産業遺産

　鉄道関係の遺産として、小倉北区のJR九州小倉工場、八幡東区の九州鉄道の茶屋町橋梁（明治二十四年）や、「ねじりまんぽ」といわれる九州電気軌道折尾高架橋（大正三年）がある。

　水道関係の遺産として、門司区の小森江浄水場跡（明治四十四年）や小森江貯水池（大正十二年）、小倉南区の道原《どうばる》貯水池（明治四十五年）、若松区の菖蒲谷《しょうぶだに》貯水池（大正十四年）がある。戸畑区牧山にはかつて若松水道の浄水場（消滅）が置かれ、記念碑がその歴史を伝える。

　辰野金吾の設計の建物としては、鉱滓煉瓦壁と三角屋根が特徴の釘工場の安田工業八幡工場（大正元年）と窓廻りなどに幾何学模様を持つ鉄筋コンクリート造りの旧百三十銀行八幡支店（大正四年）がある。

　北九州市は、製鉄、石炭、環境など五つのテーマに沿って市内の産業遺産や工場などを巡り、モノづくりの歴史や最先端の技術を体感できる産業観光に取り組んでおり、世界遺産登録を機に国内外から注目を浴びている。

周辺の見所

■部埼《へさき》灯台

明治五年にイギリス人技師ヘンリー・ブラントンによって九州で三番目に建てられたドーム状の屋根を持つ洋式灯台。下関市の六連灯台とともに関門海峡の航路の安全を守っている。

■JR九州（旧九州鉄道）小倉工場

　九州鉄道の車輌の検査や修繕、技術開発を行う拠点として明治二十四年に創業した鉄道工場。工場内には、車輪置場など三棟の赤煉瓦工場群（大正三年）があり、現在も稼動している。

■わかちく史料館

　洞海湾開発に関わった若築建設（旧若松築港）の本社に史料館が設置されており、洞海湾の開発の歴史や人々の暮らしを紹介している。

■いのちのたび博物館
（北九州市立自然史・歴史博物館）

　生命の進化の道筋と人のいのちの歩みを紹介する博物館。北九州市の自然や歴史をパノラマや模型を使ってわかりやすく紹介している。

［冨田］

15 小倉城と城下町散策

北九州市小倉北区

小倉城天守閣。昭和34年に再建されたもの

小倉は、旧豊前国の中心都市として、響《ひびき》灘に注ぐ紫《むらさき》川と板櫃《いたびつ》川の河口に町並みが形成された。小倉城を中心とした本格的な城下町は、慶長七（一六〇二）年からの細川忠興《ただおき》の築城により始まる。小倉城築城前の中世の小倉は、「小倉津」と称され、紫川河口を拠点に九州の玄関口として発展してきた。また、室町一帯は「小倉鋳物師《いもじ》」といわれる職人集団が活躍していた。

小倉における築城の始まりは、永禄十二（一五六九）年に、中国の毛利元《もと》就《なり》が九州侵攻の兵站《へいたん》基地として平城を築いた時といわれる。その後、高橋鑑《あき》種《たね》や毛利勝信（森吉成《よしなり》）の居城となったが、慶長五年の関ケ原合戦に乗じて攻めてきた黒田孝高《よしたか》（如水《じょすい》）によって落城。その後、小倉は細川氏の所領となった。当初、細川氏は中津城を拠点としていたが、小倉が大阪と九州を結ぶ交通の要所であることや、毛利氏や黒田氏に対する牽制もあり、大規模な築城を行うこととなった。

小倉城の縄張りにあたり、紫川西側の丘陵に天守閣や御殿、重臣らの武家屋敷を配置し、東側は新しく土地を整備して碁盤の目のように整然とした町並みを建設し、町屋や寺院などを配置した。紫川を挟んで、武家の町「西曲輪《にしくるわ》」と町人の町「東曲輪」に分けられた。築城にあたり、西側の板櫃川と東側の寒竹《かんたけ》川から分岐するよう掘削して砂津川をつくり、城の外堀とした。これらを堀や土塁で結び、東西約二km、南北一・三km、周囲八kmに及び、城下町全体を防御する機能を持たせた。城外との出入口に頑強な門や櫓《やぐら》などを構築し、要所に寺や武家屋敷を配置するなど、「総構《そうがまえ》」といわれる要害堅固な築城を行った。城のシンボル天守閣は、野面《のづら》積みの石垣の上に四層五階の層塔型で、最上部の五階が四階よりも飛び出し、白壁の上部が黒塗りとなっているのが特徴である。

小倉は、長崎街道、唐津街道、中津街道などの起点であり、紫川河口は水運の拠点として賑わった。東西の曲輪の通行は、紫川河口の常盤《ときわ》橋と上流の豊後《ぶんご》橋のみで結ばれた。小倉城下町に残る主な地名として、京町、室町など上方の地名のほか、魚町、紺屋《こんや》町など職業に関する地名が今に伝えられる。町屋は街道筋に面して、間口を狭く奥行を長く配置しており、今でも魚町銀天街や京町銀天街には町割りの雰囲気が残されている。

常盤橋（北九州市提供）。長崎・唐津・秋月・中津街道と門司往還の起点であった

慶長九年に、熊本に移った細川氏に替わり、播州明石《ばんしゅうあかし》から譜代《ふだい》大名の小笠原忠真《ただざね》が入国した。小倉城下町が完成するのは、小笠原氏の頃であったといわれている。

周辺の見所

■常盤橋

常盤橋は「大橋」と称され、城下の東西を結ぶ重要な橋で、長崎街道の起点ともいわれる。橋のたもとは、「勢《せい》溜《だま》り」といわれる広場になっていた。現在は木の橋が架けられ、周辺には江戸期に使われていた花崗岩《かこうがん》の橋脚が保存され、船着場も再現されている。

■八坂神社（祇園社）

元和三（一六一七）年に細川忠興により、小倉城の鎮守《ちんじゅ》として愛宕山《あたごやま》と香春口《かわらぐち》の三本松の祇園社を併せて鋳物《いも》師《じ》町に創建された神社。翌年から小倉祇園が始まったといわれる。昭和九年に現在地に移転した。

■小倉城庭園（小笠原会館）

小倉城主・小笠原家の下屋敷跡に、回遊式の庭園と大名屋敷を再現した施設で、書院棟は武家屋敷の様式を再現したもの。小笠原家は、将軍家に礼法

小倉城庭園（北九州市提供）。茶菓や礼法を体験できる施設となっている

や弓馬術を伝授しており、古来の礼法を紹介する展示棟が併設されている。

大門跡

常盤橋から長崎や博多に向かう最初の門で、発掘調査により門の礎石が発見された。遺跡の一部が保存されており、歩道の透明板越しに観察できる。

松本清張記念館

『点と線』や『砂の器』などの代表作を持つ北九州出身の作家で、社会派小説、推理小説や歴史小説など幅広く活躍した松本清張。その業績を伝えるため、館内に東京の書斎が復元され、清張の創作活動や作品、資料を展示・紹介している。

上：大門跡。遺構が保存されており説明坂もある／中：森鷗外旧居。明治期の町屋の雰囲気が残る／下：活気あふれる旦過市場（北九州市提供）

森鷗外旧居

明治の文豪で、陸軍軍医であった森鷗外は、明治三十二（一八九九）年から約三年間小倉に赴任した。最初の住まいが鍛冶《かじ》町に残されている。軍医の傍ら、『即興詩人』の翻訳や地元新聞への寄稿などの文筆活動を行った。小倉での生活の様子は、小説『鶏』や『二人の友』に描かれている。

旦過《たんが》市場

旦過とは修行僧の雲水が宿泊する場所で、東曲輪の町屋敷と小笠原家ゆかりの宗玄寺《そうげんじ》や開善寺《かいぜんじ》などとを結ぶ橋が架けられ、城下町の南玄関の香春口に通じる。昔は魚の荷揚げ場であったが、大正頃から青果や鮮魚、惣菜などの店舗が軒を並べる市場街となった。

ちょっと足をのばして

菜園場《さえんば》窯跡

細川の殿様のお楽しみ窯といわれ、豊前入部の際に朝鮮の陶工を召し抱えて始まった上野《あがの》焼《やき》の古い窯跡が発掘調査により発見された。窯は、割竹式登窯で焚口と焼成室の四室からなる構造で、煙道と天井の一部が残存する。窯跡から出土した遺物は埋蔵文化財センターに展示されている。

清水寺《きよみずでら》

慶長七年、小倉城築城の際に、城の裏鬼門《うらきもん》にあたる場所に寺を建て、祈禱《きとう》寺《じ》としたのが清水寺の始まりといわれる。寺は堅固な石垣の上に築かれており、長崎街道の警固とともに、小倉城の出城としての軍事拠点の役割を担ったと考えられる。

広寿山福聚寺《こうじゅさんふくじゅじ》

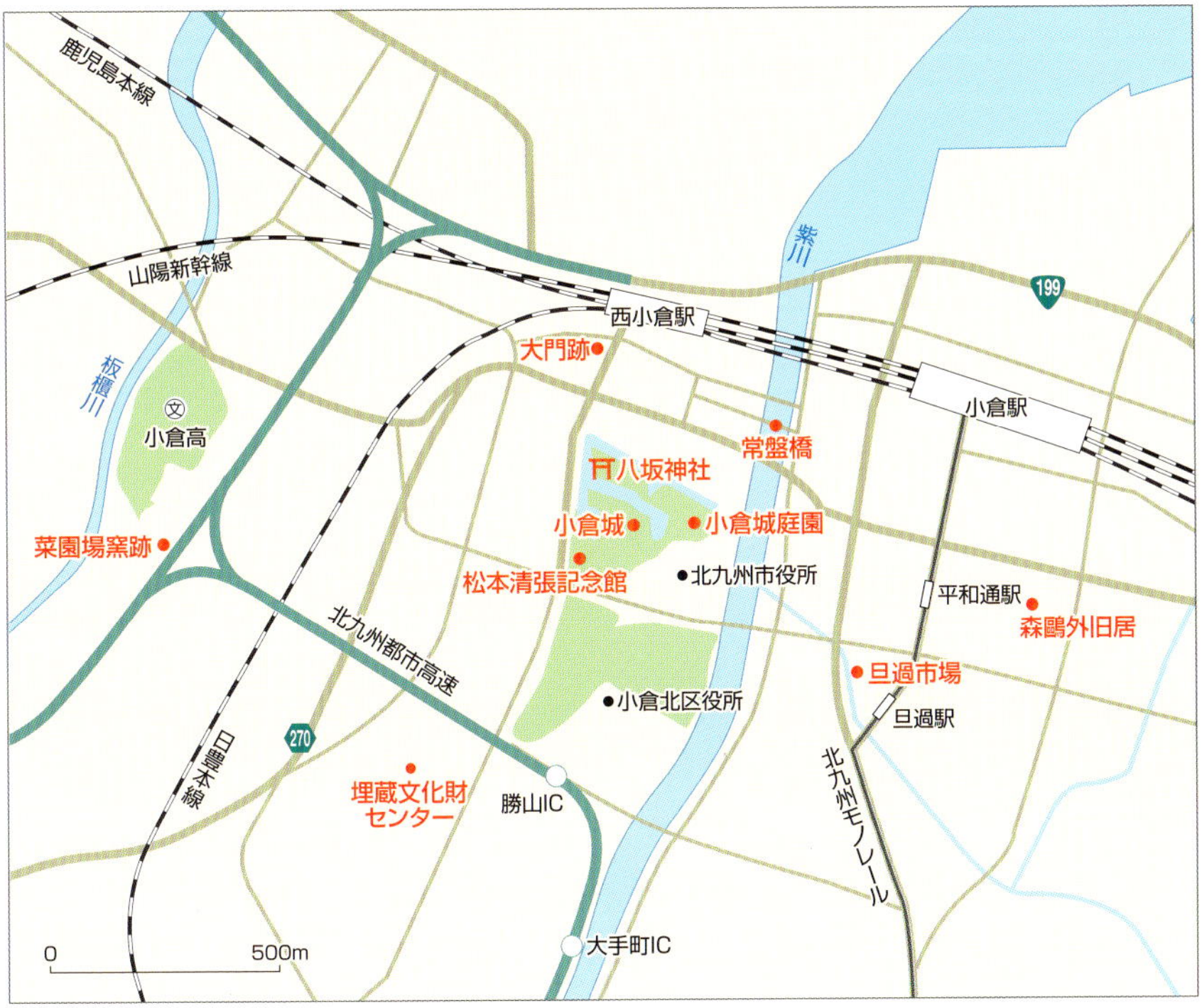

モデルコース（所要時間：約4時間）
JR小倉駅［徒歩15分］森鷗外旧居［徒歩15分］旦過市場［徒歩15分］常盤橋［徒歩10分］八坂神社［徒歩5分］小倉城・小倉城庭園・松本清張記念館［徒歩10分］埋蔵文化財センター［徒歩20分］菜園場窯跡［徒歩20分］大門跡［徒歩1分］JR西小倉駅

福聚寺本堂。足立山を背後に、静かな雰囲気の中に建つ

黄檗《おうばく》宗の寺院で、寛文五（一六六五）年に小倉藩初代藩主の小笠原忠真《ただざね》の発願で、中国僧の即非如一《そくひにょいち》によって創建された。二代藩主・忠雄《ただかつ》によって現在地に移され、大伽藍《だいがらん》を持つ寺院となった。中国風の本堂をはじめ、総門、不二門などに往時の面影が残る。［冨田］

16 豊前の国府――豊津

みやこ町・行橋市・苅田町

　元禄七（一六九四）年、福岡藩士・貝原益軒《かいばらえきけん》は、豊前・豊後の黒田氏旧跡を巡って旅した。四月一日に福岡荒津の自宅を出発し、四月五日に七曲峠《ななまがり》（田川・京都《みやこ》郡境）に至った彼は、「山上より東北の方、海陸の詠《なが》めいとよし」（『豊国紀行』）と、峠から見晴るかす京都平野の眺望を称えている。この平野は、古くから豊前国の中核をなす、幸豊かな地であった。

　豊前国は企救《きく》（規矩）・田川・京都《みやこ》・仲津・築城《ついき》・上毛《こうげ》・下毛《しもげ》・宇佐の八郡からなる。その昔、国を治めていた菟名手《うなで》という人物が、仲津郡中臣村（祓川《はらい》中流域に比定）に来た時、白鳥の群れが飛んできて、それが餅に変わり、さらに数千株の芋草になるという出来事に遭遇した。天から豊かな恵みがもたらされたという吉兆を聞き、歓喜した景行《けいこう》天皇は、菟名手が治める国を「豊国（とよのくに、とよくに）」と名付け、この豊国が、のちに豊前・豊後に分かれた。『豊後国風土記』には、このような物語が記されている。

　豊前国は渡来人の多く住む地域であった。正倉院文書には、大宝二（七〇二）年の豊前国上三毛《かみつみけ》郡（のちの上毛郡）塔《とう》里、同郡加自久也《かしきえ》里及び仲津郡丁《てい》里の戸籍断簡（断片）が残されている。それによると、いずれの里も秦部《はたべ》をはじめ、渡来人系と考えられる戸口が七－九割を占めていた。渡来人が多く住んだ理由については諸説あるが、彼らが先進の技術で当地の生活や文化に大きな影響を与えたことは間違いないであろう。

　『豊前国風土記』逸文には、新羅《しらぎ》の神が田河郡鹿春郷《かはるのさと》（現田川郡香春町）に自らやって来て「鹿春神」と名乗ったとの説話がある。また『延喜式《えんぎしき》』に見える豊前国産出の銅は、香春岳から採掘されたものと考えられており、新羅の神を奉じる渡来系の集団が豊前国に移り住み、その技術を示した適例と見られている。

　『延喜式』にある令制国の等級区分によると、豊前国は上国《じょうこく》に位置づけられたが、その国府所在地については古くから諸説あった。国府とは、国司が政務をとる役所（国庁）の所在する地方都市のことである。十世紀前半に編纂された『和名類聚抄《わみょうるいじゅしょう》』（以下、和名抄）には「豊前国府在京都郡」とあるが、旧京都郡には明確な遺跡が見当たらず、むしろ旧仲津郡に有力な候補地があることから、和名抄の誤記説、郡境の変更説、そして国府の移転説など

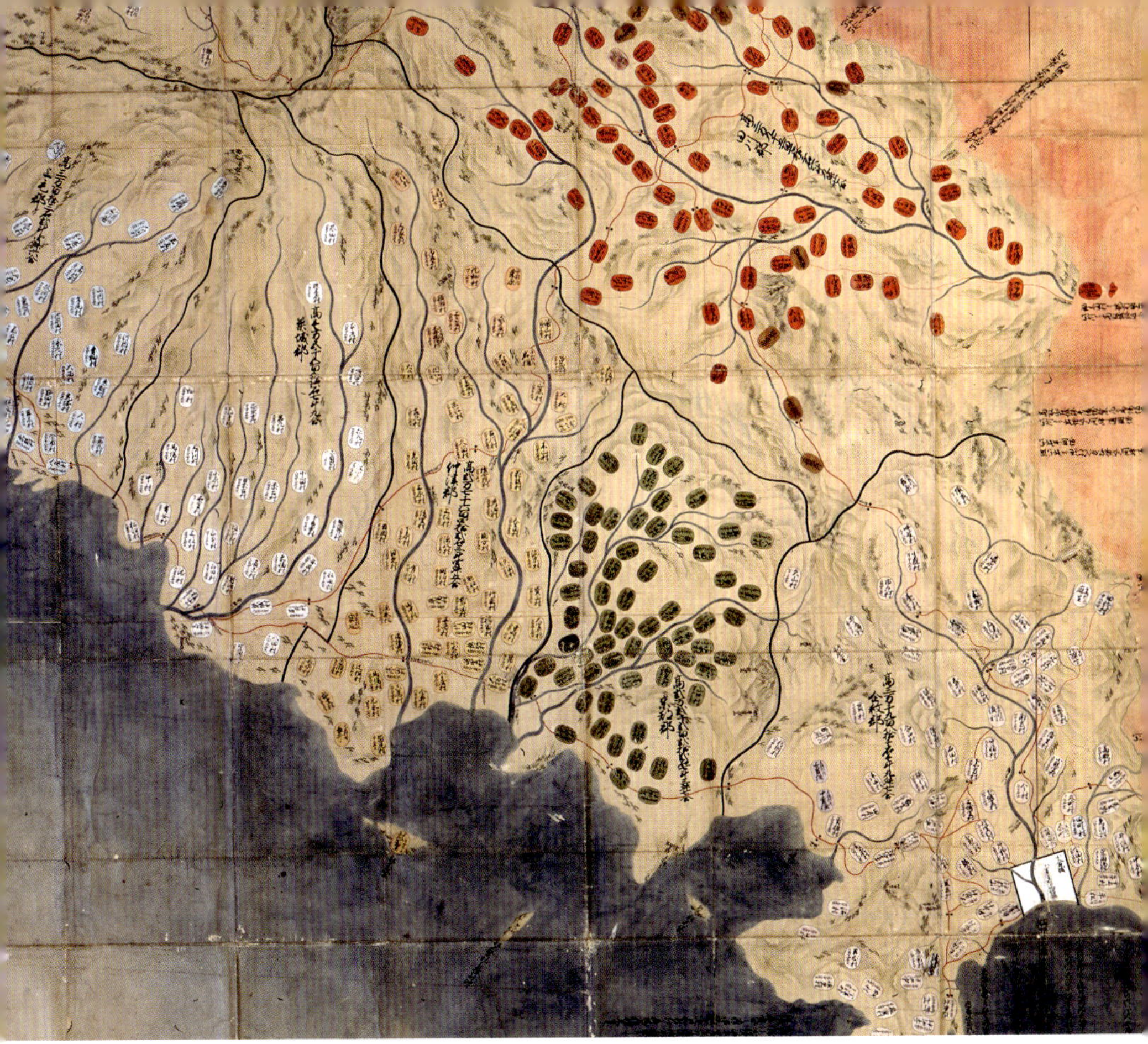

「豊前国絵図」(部分。元禄年間。福岡県立育徳館高等学校錦陵同窓会蔵)。国絵図は江戸幕府が諸大名に作成させた国ごとの絵図。郡ごとに色分けした楕円形の枠の中に村名と石高が記入されている

が議論されてきた。

旧仲津郡における国府所在地の候補地中、最も有力視されたのが、現みやこ町国作《こくさく》・惣社《そうしゃ》地区である。地名や条里、国分寺との位置関係などから、少なくともある時期、この地に国府の所在したことが推定されていたが、昭和五十一年以降、数次にわたって行われた発掘調査により、九世紀後半から十二世紀前半の国庁跡と推定される遺跡が確認された。

福岡県指定史跡・豊前国府跡(みやこ町国作)

平成十七年には、この遺跡が「豊前国府跡」として福岡県指定史跡となり、移転説を留保しながらも、国府所在地を巡る議論の大きな画期となった。

近年、東九州自動車道の建設に伴う「福原長者原《ふくばるちょうじゃばる》遺跡」（行橋市南泉《みなみいずみ》）の発掘調査で、八世紀前半を中心とした大規模な官衙《かんが》跡が確認された。この遺跡は、県指定史跡「豊前国府跡」から北東におよそ二kmの場所に位置し、同じく旧仲津郡域に所在している。確認された政庁遺構が九州最大級であることなどから、「豊前国府の有力な候補の一つ」（県教委報告書）と位置づけられ、国府移転説が過去の議論とは違った形で有力視されることになった。今後、さらなる調査・研究によって、その実相の解明が進むことであろう。

県指定史跡「豊前国府跡」から南西におよそ一kmの場所には、国指定史跡「豊前国分寺跡」がある。

豊前国分寺については、『続日本紀《しょくにほんぎ》』の記述から遅くとも天平勝宝八（七五六）年までには完成していたものと推定されている。先述の福原長者原遺跡が八世紀前半の豊前国府で、（遺跡の時期が連続しないが）それがのちにみやこ町国作・惣社地区に移転

発掘調査時の豊前国府跡（11世紀の東脇殿跡と推定される遺構）

福原長者原遺跡。史跡広場として整備されている

明治30年頃の豊前国分寺境内（清水吉康『大日本名所図録　福岡県之部』より。国立国会図書館蔵）

豊前国分寺三重塔。高さ23.5m

したとすれば、国府の方が国分寺に近づいてきたことになる。国分寺建立の詔《みことのり》にある「好《よ》き処《ところ》」として選ばれた土地と、国府との位置関係の変化には一定の意味があるであろう。今後の研究の進展が待たれるところである。

その後の史料で、豊前国分寺に関するものは多くないが、例えば、現大分県豊後高田市にある長安寺所蔵「木造太郎天《たろうてん》及《および》二童子立像《にどうじりゅうぞう》」（国指定重要文化財）の大治五（一一三〇）年胎内銘に、豊前国分寺の僧名が記されている。また、南北朝時代の暦応三（一三四〇）年の史料（西郷文書）に、上毛郡塔田《とうだ》村（現豊前市）の豊前国分寺領に関するものがある。

寺伝によると、豊前国分寺は天正年間（一五七三－九二）に、豊後の大友宗麟《そうりん》によって焼かれたのだという。この大友氏による兵火の伝説が史実か否かは措《お》くとして、その際に焼け残ったという「胎蔵界曼荼羅図《たいぞうかいまんだらず》」が今も寺に伝えられている。近年の調査により、これが十四世紀後半の作であり、また天台宗系のものであることが判明した。

江戸時代以降、豊前国分寺は真言宗に属し、藩から一定の助力を受けて伽藍《がらん》を整え、現在に至るまで法灯を守り続けている。境内に建つ三重塔は、明治二十九（一八九六）年の完成で、当寺を象徴する建築物として親しまれている。

周辺の見所

みやこ町歴史民俗博物館

京築地方で唯一、博物館法の基準を満たす登録博物館。常設展示室は六つのエリアで構成され、豊前国府跡・国分寺跡の出土品をはじめとした逸品を展示。エリア1「小宮豊隆《こみやとよたか》記念展示室」の夏目漱石コレクションは必見。

みやこ町歴史民俗博物館の小宮豊隆記念展示室（漱石コレクション展示コーナー）

御所ケ谷神籠石の中門跡

■御所《ごしょ》ケ《が》谷《たに》神《こう》籠《ご》石《いし》

北部九州と瀬戸内海沿岸で十六カ所確認されている神籠石の一つ。神籠石とは、山中を土塁・列石・石塁で囲った遺跡で、七世紀後半頃に築造された山城跡と見られている。高さおよそ七mの石積みが残る中門は圧巻。国指定史跡。

■馬《うま》ケ《が》岳《たけ》城跡

中世の山城跡（十世紀末からの伝説があるも詳細は不明）。標高はおよそ二一六m。戦国期、大内・大友・毛利などによって争奪戦が繰り広げられた。天正十五（一五八七）年の九州征伐の際に秀吉も滞在。

ちょっと足をのばして

■石塚山《いしづかやま》古墳

古墳時代前期（三世紀後半－四世紀初頭）の前方後円墳で、全長はおよそ一三〇mと推定されている。後円部中央の主体部からは、寛政八（一七九六）年に三角縁神獣鏡《さんかくぶちしんじゅうきょう》などが出土。国指定史跡。

■橘塚《たちばなづか》古墳

六世紀後半に築造された方墳で、東西およそ三九m、南北およそ三七m規模を持つ。墳丘の現在高はおよそ七m。石室は複室構造の横穴式石室で、花崗岩《かこうがん》の巨石を用いて築かれている。

馬ケ岳城跡。向かって左の頂きが本丸跡、右の頂きが二の丸跡

モデルコース（所要時間：約３時間）※馬ケ岳城跡に登る場合は麓から往復1.5時間追加

東九州道みやこ豊津 IC［車10分］みやこ町歴史民俗博物館［車５分］豊前国分寺［車５分］豊前国府跡［車10分］福原長者原遺跡［車10分］馬ケ岳城跡［車15分］綾塚古墳［車３分］橘塚古墳［車20分］石塚山古墳［車５分］東九州道苅田北九州空港 IC

国指定史跡。

■綾塚古墳《あやつか》

七世紀初めに築造された円墳で、直径およそ四〇m、高さおよそ七mの規模を持つ。石室は複室構造の横穴式石室で、全長はおよそ一九m。玄室には凝灰岩《ぎょうかいがん》製の家形石棺《いえがたせっかん》がある。国指定史跡。［川本］

綾塚古墳。石室は複室構造の横穴式石室で、全長約19mの規模を誇る

17 修験の一大道場——求菩提山

豊前市・築上町・上毛町・吉富町

求菩提山（右）と犬ケ岳（左奥）。豊かな自然と農村が一体となった美しい景観

英彦山（添田町、一一九九m）から延びる山稜は、なだらかな下降線を描きながら周防《すおう》灘へと延びていく。浸食された大地には八つ手状の谷地形が刻まれ、谷ごとにそれぞれの歴史と文化が育まれてきた。

その中心となるのが、円錐形の独特の山容を見せる求菩提山《くぼてさん》（七八二m）を有する岩屋、合河《ごうがわ》の谷筋で、谷の最深部に聳える犬ケ岳《いぬがたけ》（一一三一m）とともに地域のシンボルとして親しまれている。一帯は耶馬日田英彦山国定公園の一部で、犬ケ岳の山稜にはツクシシャクナゲの群落があり、自生地の南限として国の天然記念物に指定されている。その他にもブナ、ミズナラ、シデなど標高一〇〇〇mを超える山でしか見られない豊かな自然が残されていて、水源の森として、また四季折々に様々な自然の表情を見せながら訪れる人々の目を楽しませてくれる。特に冬の山は冠雪することが多く、異質の自然空間を楽しむことができる。ただし、全行程三－四時間を要するため、入山に際しては必要な装備を怠らないよう願いたい。

さて、求菩提山は平成十三年に国の史跡に指定され、さらに山麓を含むエリアは平成二十四年に「求菩提の農村景観」として国の重要文化的景観に選定された。頂上付近に広がるアカガシ林は照葉樹林の森として貴重な植物相を見せる。この山はかつて火山として活動していて、今でも山頂の「辰の口」と呼ばれる空洞からは蒸気が立ち上るのを確認することができる。

江戸時代に編纂された「求菩提山縁起」によれば、継体天皇二十（五二

上：国玉神社中宮／下：求菩提山の経塚から出土した陶製や青銅製の経筒（国玉神社蔵）

六）年に猛覚魔卜仙《もうかくまぼくせん》なる人物による開山伝説が伝えられ、慶雲元（七〇四）年には役行者《えんのぎょうじゃ》、養老四（七二〇）年には行善《ぎょうぜん》による堂宇の建立などが伝えられる。しかし、その実態が記録とともに明らかになるのは十二世紀の中頃（平安時代末期）で、旧宇佐郡出身の僧・頼厳《らいげん》により堂宇の再建、経塚の造営、求菩提修験道の体系整備などが行われた。爾来《じらい》「一山五百坊」（上谷・中谷・下谷・杉谷・西谷・南谷・北谷の七集落）と称される山の歴史が営まれるようになり、今も山中にはその生活空間や修験道場の遺構が多く残されている。

■往時を物語る遺構

山中へは、山腹にある座主《ざす》園地までは車で上ることができ、ここからメインストリートである杉谷の石段を登ると、正面に安浄寺《あんじょうじ》跡の石垣と山中に残る数少ない坊（山伏の居宅）である岩屋坊が見えてくる。その先の比較的なだらかな山道を進むと、かつて求菩提修験の中心であった護国寺跡に明治時代に建立された国玉神社中宮、この中宮から八五〇段余りの急峻な石段を上ると山頂に鎮座する国玉神社上宮へ至る。上宮周辺には平安時代末期に流布した末法思想による経塚《きょうづか》が多く造営され、昭和五十－五十二年にわたり実施された発掘調査で多くの陶製・青銅製の経筒が発見された（「求菩提山経塚出土品」として国の重要文化財に指定）。この上宮から犬ケ岳方面へと尾根道を進むと護摩場《ごまば》跡へと続き、さらに山腹に点在する五窟（大日窟、普賢窟、多聞窟、吉祥窟、阿弥陀窟）を巡ることができる。その地形は基盤をなす筑紫溶岩や耶馬渓《やばけい》溶岩による独特の景観を形成し、柱状節理《ちゅうじょうせつり》を見せる通称「鉄平石」を利用した板碑《いたび》などが随所に見られる。

　このうち、普賢窟から十六世紀に発見されたという銅板法華経と銅筥《どうばこ》は、康《じょう》治元（一一四二）年に頼厳により勧《かん》請されたと記されており、求菩提山の仏教美術の水準の高さを示すものとして国宝に指定されている。

　このように山中には多くの遺構が残され、往時の求菩提山の繁栄を偲ぶことができる。その資料の多くは国玉神社から寄託を受け、麓の求菩提資料館に収蔵・公開されている。資料点数は発掘資料、古文書などの文献資料、山伏の暮らしを知ることができる民俗資料など五千点余りに上り、修験関係資料を収蔵する専門館として我が国有数の内容を持つ。また、毎年開催される特別展・企画展では、修験道に拘わらず様々な文化を発信し、地域文化を紹介する拠点として活用されている。

　さて、求菩提山の麓には今も修験者たちと深い関係にあった集落（鳥井畑《とりいはた》、篠瀬《しのせ》、戸符《とぶ》）が営まれている。記録によれば江戸時代には護国寺では檀家制度が導入され、豊後、周防などをエリアとして檀家回りが行われていた。その際、修験者は麓の集落の者を強力《ごうりき》として帯同させたという。また、山中は五穀の栽培が禁止されていたため、食糧供給基地としても麓の集落は山と深い関係を持ち続けていた。そうした人々の営みの結果形成された石垣棚田とそれに伴う灌漑《かんがい》設備など、山を仰ぐ祈りの集落の独特の景観を今に伝えている。こうした点が評価され、日本の農村の原風景として重要文化的景観に選定された。

乳《ちち》の観音と如《ね》法寺《ほうじ》

　こうした求菩提修験道により培われた仏教美術の所産は谷のあちらこちらに残されていて、地方独特の発達を見せながら人々に受け継がれてきた。その一つが岩洞窟に残された飛天《ひてん》で、間口二〇mにも及ぶ岩陰の天井に描かれた飛天は、極楽浄土を求めた人々の願いを乗せて天空を優雅に舞っているかのように見える。

　一方で平安時代後期は地方で仏師の活躍が盛んになった時期で、谷のあちらこちらに多くの仏像が建立され人々の信仰を集めた。その代表格が木造千手観音立像である（国指定重要文化財）。樟材の一本造りで二mを超える立像は、かつて岩屋泉水寺《せんすいじ》の御本尊として信仰を集め、背後の岩陰から滴り落ちる霊水で炊いたおかゆを食べると、母乳の出が良くなるという伝説から別名「乳の観音」とも呼ばれている。通常は保存施設内に安置されており、毎年五月八日の花祭りでは御開帳される。

「乳の観音」と呼ばれる千手観音立像（千手観音保存協会蔵）

　求菩提修験道の重要な場所として鬼門封じの寺、如法寺がある。求菩提山

へと向かう谷の入口、南面する山腹に位置する寺は、山門に仁王立ちする金剛力士立像に護られるように静かな佇まいを見せる。古くは天台宗寺院として求菩提山の北東方向を守護し、求菩提山座主の頼厳上人の勧請により、厳《げん》尊《そん》がここで「銅板法華経」の制作にあたったとされる。境内には今も「写《しゃ》経水《きょうすい》」と呼ばれる湧水があり、写経所として重要な役割を果たしていた。

湯立神楽。修験の影響を色濃く残す演目

鎌倉時代、如法寺には宇都宮氏の一族が入り、寺は砦としての性格を有するようになり、戦国時代には秀吉の九州下向に伴い黒田勢の兵火により壊滅的な被害をこうむることになる。その後、江戸時代に小倉藩主・小笠原氏の庇護を受け、広寿山福聚寺《こうじゅさんふくじゅじ》の法雲《ほううん》禅師により黄檗《おうばく》宗の寺院として再興されることになる。現在も黄檗宗の寺としてその法灯が守られていて、初夏にはたくさんの蓮の花が訪れる者の目を楽しませる。なお、金剛力士立像は平安後期の作で、檜の一本造り、像高二八〇㎝を超える威容は迫力満点である。また、本堂に安置される御本尊の如意輪観音像は応永三十二（一四二五）年の墨書銘が確認され、室町時代に製作された品格ある御尊顔が印象的である。

お田植え祭りと神楽

人々により受け継がれてきた民俗芸能にも見るべきものが多い。豊前修験道最大の祭礼である松会《まつえ》は幣切《へいき》り神事とお田植え祭りにより構成されるが、今も毎年三月の最終日曜日には国玉神社中宮でお田植え祭りが行われている。幣切り神事は苅田町の等覚寺《とかくじ》でのみ継承されていて、四月の第二土日曜日を中心に執行されている。

そして、修験者がその成立に関わった芸能に神楽がある。慶長八（一六〇三）年の「神道神楽大事」という史料によれば、修験者が神楽の秘法を伝授したことが記されている。また、豊前神楽の特徴的な演目である湯立神楽は、まさに幣切り神事の手法を取り入れたもので、高さ八ｍほどの湯鉾《ゆぼこ》に御先鬼《みさきおに》が上り蜘蛛《くも》手《で》を切り落とす。その後湯釜のお湯で周囲を祓い清め、最後に火渡りをするという極めて修験色の強い演目である。

豊前神楽はこうした内容が評価され、平成二十八年に国の重要無形民俗文化財に指定されることとなった。

旧蔵内邸。延床面積は約1222㎡にも及ぶ豪奢な邸宅

周辺の見所

　求菩提山への入口は鳥井畑地区に残る東の大鳥居が一般的ではあるが、山の西側の谷筋にある築上町寒田《さわだ》地区には西の大鳥居が設けられていた。したがって山を媒介して二つの谷は古くから交流があるが、その歴史は独自の歩みを見せる。

■旧蔵内邸と本庄の大楠

　城井谷《きいだに》と呼ばれる一帯は、東九州道の築城インターを降りて城井川沿いに上った所にある。最初に目につくのは「旧蔵内邸」で、明治から昭和にかけて炭鉱経営で財を成した蔵内一族の邸宅である。特に庭園は国の名勝に指定されており、登録有形文化財である豪華な邸宅とともに近代日本建築の美を見ることができる。

　その先に樹齢千数百年といわれ国の天然記念物に指定されている「本庄《ほんじょう》の大楠」がある。古来より宇佐神宮の神殿の建て替えの際に御杣始《おそまはじめ》の神事がここで行われ、今では毎年十月にクラシックのコンサートも開かれる。

■宇都宮氏の城

　この城井谷は中世宇都宮氏の拠点で、戦国末期に黒田氏により一族が謀殺されたことで知られる。その黒田氏との攻防の舞台となった大平城や城井ノ上《きいのこ》城、菩提寺である天徳寺など、当時を偲ばせる遺構が残されている。城井ノ上城は登山口付近まで車で行くことができ、「宇都宮一族之碑」と書かれた石碑が目印となっている。山中に入ってすぐに溶結凝灰岩《ようけつぎょうかいがん》が侵食されてできた空洞があり、これが表門と呼ばれる。その先にやや傾斜のある平場があり、ここが主郭で、さらにその先に裏門があり、四十分ほどで辿り着く。裏門へは急峻な鎖場が続き、表門と同様の空洞が見える。つまり、ここは周囲より一段低い窪地で、侵食によってできた空洞が外部との連絡口になってい

城井ノ上城の表門

モデルコース：修験の里コース（所要時間：約6時間）
JR宇島駅［バス20分］才尾《さいお》バス停［徒歩10分］千手観音堂［徒歩30分］如法寺［徒歩15分］山内バス停［バス10分］岩屋バス停［徒歩5分］岩洞窟［徒歩5分］岩屋バス停［バス10分］求菩提資料館前バス停［徒歩60分］求菩提山・国玉神社中宮［徒歩15分］国玉神社上宮（頂上、標高782m）［徒歩40分］求菩提資料館・求菩提資料館前バス停［バス45分］JR宇島駅

※豊前市バスの時刻表、運賃は豊前市ホームページでご確認ください。

て、自然の要害として防御に適した詰《つめ》城《じろ》となっている。

■船迫《ふなさこ》窯跡公園

一方、谷を隔てた船迫地区には七世紀中頃の九州でも最古級の瓦と豊前国分寺の瓦を焼いた窯跡があり、船迫窯跡公園として公開されている（国指定史跡）。ここの特徴は瓦を製作した工房と窯が一体的に整備されていることで、体験学習館で出土した資料を見ることもできる。

＊

この他にも豊前市立埋蔵文化財センター、黒部古墳群や幕末の私塾・蔵《ぞう》春園《しゅんえん》（以上豊前市）、神相撲で有名な八幡古表《はちまんこひょう》神社（吉富町）、線刻画が残る穴ケ葉山《あながはやま》古墳（上毛町）、そして秋の神楽シーズンに各地の神社で奉納される豊前神楽など興味が尽きない。

［栗焼］

18 遠賀郡の水運史を辿る

中間市・水巻町・遠賀町・芦屋町・岡垣町

遠賀郡は、現在の芦屋町・水巻町・遠賀町・岡垣町に加え、古くは中間市や北九州市の若松・戸畑・八幡を含む一帯であった。

遠賀川は、嘉麻市の馬見山《うまみやま》や英彦山などを源流とし、穂波《ほなみ》川、彦山川、犬《いぬ》鳴《なき》川、西川など大小七十四の支川を合わせて河口の芦屋町で響《ひびき》灘に注ぐ、幹川流路延長六一km、流域面積一〇二六km²の一級河川である。

流域には古代の遺跡も多く、芦屋町の山鹿《やまが》貝塚では十八体の縄文人骨が発掘された。また水巻町の立屋敷《たてやしき》遺跡では、弥生時代の水田稲作文化伝播の指標となる遠賀川式土器が出土し、遠賀川流域が水田稲作の渡来地の一つであるだけでなく、古代文化の先進地でもあったことを示している。

その後、中世・近世を通して、川船(川ひらた、五平太舟)による遠賀川の水運は、年貢米をはじめ石炭、櫨蠟《はぜろう》、鶏卵など物産の輸送路として地域の発展に貢献した。

江戸期には福岡藩により遠賀堀川が開削されている。これは遠賀川と洞海《どうかい》湾を結ぶ全長一二kmの運河で、優れた輸送路として、また用水・治水施設としても大いに役立った。

明治時代以降、遠賀川は日本の近代化を支えた筑豊炭田の石炭輸送に大きな役割を果たすことになる。また官営八幡製鐵所への石炭をはじめとする物資の輸送など、昭和初期に至るまで流域一帯の経済基盤を支えた。

このように、先史時代から現代まで人々の生活と深いつながりを持ってきた遠賀川の流域には、芦屋鋳物《いもじ》師の名品・芦屋釜をはじめとする豊かな文化が花開き、流域が一つの文化圏・信仰圏としてまとまりを持っていることも大きな特徴である。

周辺の見所

■遠賀堀川・中間唐戸《からと》

元和七(一六二一)年、福岡藩初代藩主・黒田長政の命により、栗山大膳《だいぜん》らにより治水や水上輸送、灌漑《かんがい》用水の確保などを目的に遠賀堀川の掘削が始められた。現在の中間市から水巻町、八幡西区折尾を通って洞海《どうかい》湾に至る大工事であった。宝暦十二(一七六二)年、六代藩主・継高《つぐたか》の時代に「中間唐戸」の完成をもって、堀川はついに全面開通した。唐戸とは水門のことで、細長い板を水門の溝に入れ、その枚数によって水量を調節する仕組みであった。

■**遠賀川水源地ポンプ室**

遠賀川の河口から約一〇km場所にある八幡製鐵所の送水施設。八幡製鐵所第一期拡張工事に伴う工場用水不足を補うため、明治四十三（一九一〇）年に操業を開始した。動力は蒸気機関から電力に変わったが、今も現役の施設であり、世界遺産「明治日本の産業革命遺産」の構成資産の一つでもある。

■**垣生羅漢百穴《はぶらかんひゃっけつ》**

古墳時代の横穴群集墓で、五十基が確認されている。市内最大の都市公園である垣生公園内に位置する。

堀川の中間唐戸

■**月瀬八幡宮**

中間市上底井野《かみそこいの》に鎮座する月瀬八幡宮。現在社殿が建つ所には、室町時代、猫が背を丸めた姿に見えることから「猫城」と呼ばれた小さな出城があった。付近には江戸期の参勤交代の脇道で黒崎方面へ抜ける底井野往還が通り、福岡藩主別館の御茶屋があった。

■**立屋敷《たてやしき》遺跡**

遠賀川の堤防沿いに大きな案内板があるが、遺跡自体は河川内に水没している。昭和六年に発見された弥生時代の集落遺跡で、九州では初めて、文様のある弥生式土器が出土した。稲作文化の伝播を考える上で重要な土器として注目を集め、「遠賀川式土器」と命名された。

■**八剱《やつるぎ》神社の大銀杏**

八剱神社には県指定天然記念物の大銀杏がある。由緒によれば、日本武尊《やまとたけるのみこと》が熊襲《くまそ》征伐のため九州を訪れた際、讒言《ざんげん》により都からこの地に逃れていた砧姫《きぬたひめ》という娘と結ばれ、愛の証として植えられたものという。大銀杏の枝にあるこぶの形が乳房に似ていることから、皮を煎じた汁を飲むと母乳の出がよくなると伝えられ、参拝者も多い。

遠賀川水源地ポンプ室（新日鐵住金株式会社八幡製鐵所提供）。赤レンガと鉱滓レンガを用いた建物は建築当時のまま。非公開施設

河守神社《かわもり》

祭神は大山祇神《おおやまつみのかみ》（山の神）、罔象女《みつはのめの》神《かみ》（農業用水の神）、興玉神《おきたまのかみ》（土地の神）。遠賀堀川工事の難所であった岩盤の掘削が無事に終わった後、堀川開通の恩人・黒田継高を合祀したという。付近には堀川の歴史について学ぶことができる堀川歴史公園がある。

岡湊《おかのみなと》神社

岡湊は『日本書紀』にも記された「崗之水門《おかのみなと》」に由来する。遠賀の地名も、この「おか」が転じたものという説がある。芦屋の産土神《うぶすながみ》で、遠賀郡の総社であった高倉神社（岡垣町）とのゆかりも深い。

付近にある「千光院大蘇鉄《せんこういんだいそてつ》」は、島原の乱に出陣した将兵（福岡藩士か東蓮寺《とうれんじ》藩士）が原城から戦勝記念に持ち帰ったものといわれている。

八劔神社

金台寺《こんたいじ》

金台寺は時宗の寺院で、旧遠賀郡一帯を支配した山鹿《やまが》城主・麻生氏の菩提寺であった。本尊の阿弥陀三尊像、源頼朝の守り本尊との伝承を持つ子安地蔵尊像などが伝わる。

付近には唐津街道の芦屋宿跡があり、観音寺（蘆屋寺）や大銀杏（乳銀杏）のある光明寺など寺院が多い。

芦屋には所々に趣のある町並みが残る

芦屋釜の里・芦屋歴史の里

「芦屋釜の里」は茶釜の名品としても知られる芦屋釜の解説・展示施設で、芦屋釜の復元も行っている。

「芦屋歴史の里」（歴史民俗資料館）には山鹿貝塚や伊万里焼を行商した旅《たび》行《ゆき》商人、芦屋役者関連の展示などがある。

千光院大蘇鉄

モデルコース（所要時間：約5時間）
JR 筑前垣生駅［徒歩10分］垣生羅漢百穴［徒歩10分］中間唐戸［徒歩10分］遠賀川水源ポンプ室［徒歩20分］JR 筑前垣生駅［電車15分（折尾駅で乗換）］JR 水巻駅［徒歩15分］立屋敷遺跡［徒歩5分］八劔神社［徒歩15分］JR 水巻駅

ちょっと足をのばして

■島津・丸山歴史自然公園

遠賀川流域でも最古の古墳といわれる丸山古墳を中心とする島津・丸山古墳群を、四季の草花・樹木とともに整備した歴史自然公園。

■高倉神社

岡垣町高倉に鎮座し、旧遠賀郡二十一カ村の総社として人々の崇敬を集めてきた神社。境内には樟や杉の大木が立ち、芦屋鋳物師の作である銅造毘沙門天立像がある。

［竹川］

高倉神社境内に立つ
銅造毘沙門天立像

19 古代文化と祈りの原風景

鞍手町・宮若市

旧鞍手郡は現在の鞍手町、宮若市のほか直方市、小竹町、北九州市の一部（木屋瀬《こやのせ》周辺）を含む地域であった。

鞍手の地名発祥については諸説があるが、鞍手出身の国学者・伊藤常足《つねたり》が著した地誌『太宰管内志《だざいかんないし》』の中に『日本書紀』を引用した地名考がある。欽明天皇の時、百済を救援に行った筑紫《ちくしの》国造《くにのみやつこ》が弓の使い手で、騎馬兵の鞍橋《くらぼね》（鞍の骨組み）を射抜くほど強力であった。百済の威徳王はそれを称え「鞍《くら》橋君《じのきみ》」の尊称を送った。この「くらじ」が訛って「くらで（て）」になったという。鞍手町長谷にはこの鞍橋君を祀る鞍橋《くらじ》神社があり、土地の人は親しみをこめて「くらじさん」と呼んでいる。

鞍手町は宗像三女神の降臨伝説がある六ケ岳《むつがたけ》（旭岳・天冠《てんかん》・羽衣《はごろも》・高祖《たかす》・崎戸・出穂《でほ》の六峰）や剣岳、白山（峠）に囲まれ、新延《にのぶ》貝塚や古月横穴《ふるつきよこあな》、鎧塚《よろいづか》古墳群など古代遺跡の宝庫である。また物部氏の祖神・饒速日尊《にぎはやひのみこと》を祀る天照神社が鎮座し、八剣神社や六嶽神社には神楽が伝えられている。さらに長谷寺《ちょうこくじ》や中山不動尊、行基《ぎょうき》ゆかりの清水寺《せいすいじ》には貴重な仏像が伝わっており、まさに神仏の祈りの里である。

宮若市は犬鳴山《いぬなきやま》、権現山《ごんげんやま》、磯辺山《そべやま》、笠置山《かさぎやま》、西山などの山々に囲まれ、遠賀川支流の犬鳴《いぬなき》川と八木山《やきやま》川などの河川が土地を潤す、水と緑に恵まれた地域である。平成十八年に宮田町と若宮町が合併して宮若市となった。宮田町は明治期以降、貝島炭鉱などを擁する産炭地として栄え、現在は自動車産業やＩＣ産業の工場が立地する。また、第一級の装飾古墳として著名な竹原古墳、奈良時代から続くという脇田温泉や千石峡《せんごくきょう》などを活かした観光にも力を入れている。近年では土地に伝わる伝説をもとにした特産品の「追い出し

脇田温泉街。犬鳴川沿いを中心に温泉宿が建つ

猫」（表は笑顔、裏は怒った顔で、災いを退散させ幸福を招く猫の置物）も人気を集めている。

周辺の見所

■古月横穴

鞍手町古門《ふるもん》の丘陵地にある古月横穴は、六世紀後半から七世紀にかけ、硬い岩盤をくり抜き築造された横穴墓である。大正十五（一九二六）年に発見され、これまでに四十基以上が確認された。周囲は発掘当時の様子が復元されている。国史跡。

宮若市の福丸交差点にある「追い出し猫」のモニュメント。約400年前、集落を荒らす大ネズミを、数百匹の猫たちが身を投げ打ち退治したとの伝説にちなむ

■伊藤常足旧宅

伊藤常足は古物《ふるもの》神社の神官の家に生まれ、当時の福岡藩を代表する国学者となった。現在の建物は文化十四（一八一七）年の図面をもとに整備されたもの。鞍手町歴史民俗博物館には『家事雑記』（日記）など常足関係の資料が収蔵・展示されている。

■長谷観音

長谷寺の木造十一面観音立像は気品のある美しい立ち姿が特徴で、「長谷観音」と呼ばれ人々の信仰を集めている。平安時代の造像で、開山僧・万貨《まんが》上人がこの観音像を奈良から背負ってきたという伝説がある。重要文化財。

古月横穴

■中山不動尊

鞍手町中山のお堂に安置された中山不動尊も平安時代のものとされ、かなり痛みが激しいが、力強い表情は健在。日頃から信仰していれば、災いがあった時に身代わりになってくれるという言い伝えがあり、「身代わり不動尊」

伊藤常足旧宅

と呼ばれている。重要文化財。

竹原古墳

宮若市竹原の諏訪《すわ》神社境内にある竹原古墳は、六世紀後半に築造された円墳。石室内の壁画には大陸文化の影響も見られ、歴史・美術史的に大変貴重なもの。この国内屈指の装飾壁画をガラス越しに見学することができる。国史跡。

竹原古墳の壁画（吉村靖徳氏撮影）

若宮八幡宮

若宮の地名由来になった神社。二年に一度、十月上旬に開催される放生《ほうじょう》会《え》大祭では神幸行事なども行われ、福岡の三大放生会の一つとして知られる。戦国武将・荒木村重の子で浮世絵の始祖といわれる岩佐又兵衛が描いた「三十六歌仙絵」はここで発見され、福岡市美術館に寄託されている。

若宮八幡宮

釘抜き地蔵尊（霊験寺《れいげんじ》）

霊験寺の地蔵菩薩は、古くから体に刺さった釘などを抜いてくれると信じられ、「釘抜き地蔵尊」と呼ばれる。現在は「くぎを抜く」が「苦を抜く」に通じるとして、病気治癒や安産などを祈願する人が多い。

ちょっと足をのばして

福岡藩犬鳴《いぬなき》御《ご》別館《べつかん》跡

犬鳴御別館は、福岡藩の尊王攘夷派により、幕末の有事の際に藩主をかくまうために築かれた。犬鳴谷の険しい山や峠が天然の要害になるとして、勤王派家老の加藤司書の推挙によってこの地が選ばれたという。現在は犬鳴ダムの奥に大手門と搦手門《からめてもん》の跡、高石垣と庭園の池の跡などが残っている。

福岡藩犬鳴御別館

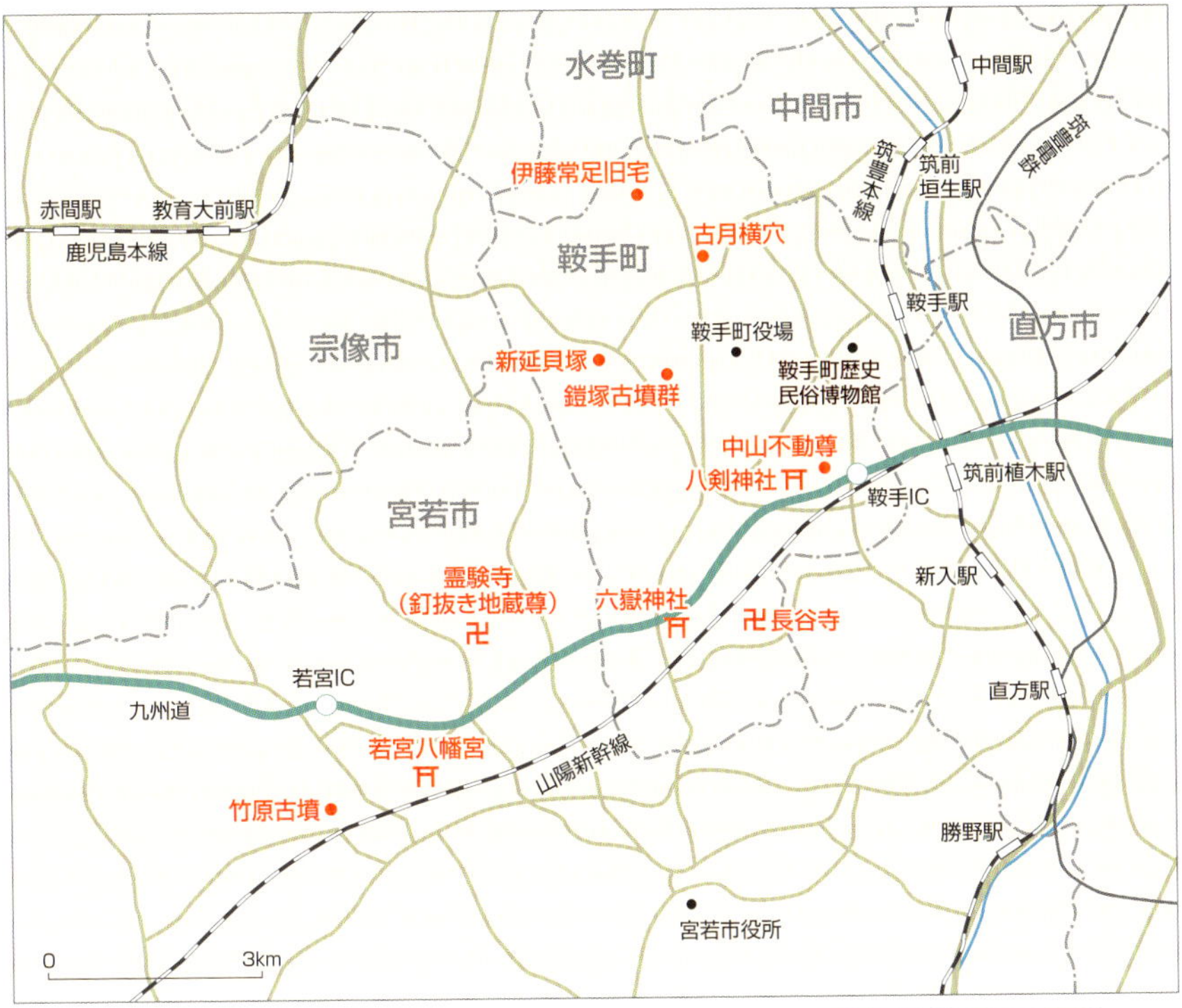

モデルコース（所要時間：約5時間）
鞍手 IC［車5分］八剣神社［車5分］中山不動尊［車5分］鞍手町歴史民俗博物館［車10分］古月横穴［車5分］伊藤常足旧宅、古物神社［車15分］長谷寺（長谷観音）［車5分］六嶽神社［車15分］釘抜き地蔵尊（霊験寺）［車10分］若宮八幡宮［車5分］竹原古墳［車5分］若宮 IC

豊かな緑に囲まれた瑞石寺

瑞石寺《ずいせきじ》

瑞石寺は、宮若市の山あい、如来田《にょらいだ》地区にある曹洞宗の寺院である。寺名の「瑞石」は、初代福岡藩主・黒田長政の吉兆の石の逸話に由来するもので、黒田家ゆかりの寺である。宮若市には他にも極楽寺、光明寺など黒田家ゆかりの寺がある。

［竹川］

直方市体育館のある丘の上に直方御館（陣屋）があった

20 石炭と鉄道のレトロ地区――直方

直方市・北九州市八幡西区・小竹町

直方は、福智山《ふくちやま》・鷹取山《たかとりやま》・六ケ岳《むつがたけ》などの山地に囲まれた遠賀川（彦山川・犬鳴川《いぬなき》）流域の町で、旧筑前国鞍手郡、現在は直鞍《ちょくあん》地区（直方市・宮若市・鞍手町・小竹町）の中心都市である。飯塚、田川と並んで「筑豊三都」にあげられる。

元和九（一六二三）年、福岡藩初代藩主・黒田長政が没し、その遺言により四男・高政（隆政）に四万石が分知され、支藩・東蓮寺《とうれんじ》藩が成立する。寛永三（一六二六）年、殿町・古町・津田町などに城下町が建設され、藩主の御館《おたて》（陣屋）は殿町（現在の双林院付近）に置かれた。延宝三（一六七五）年、三代藩主・長寛《ながひろ》の代に東蓮寺を直方に改称。その後、長寛が本藩である福岡藩を継ぐことになり一時廃藩、領地は本藩に還付されるが、元禄元（一六八八）年には長寛の弟・長清《ながきよ》が五万石で入封した。長清は、藩主の御館（陣屋）を現在の直方市体育館・多賀公園一帯の御館山（妙見山、「史跡直方城址」の碑が建つ）に移し、新町、門前町などを開いて城下町を南側に大きく拡張した。しかし長清の子・菊千代（継高《つぐたか》）が福岡藩を継ぐことになったため、享保五（一七二〇）年、長清が没すると直方藩は廃藩。領地は本藩へ還付となり、多くの藩士は福岡城下（特に西新地区周辺）に移住した。

その後、直方の人々が、従来遠賀川の東岸を通行していた長崎街道の経路を変更して直方の町中を通行させるよう請願し、それが実現したことにより直方は商業地として栄えた。

近代以降は、「筑豊御三家」（麻生・貝島・安川）の貝島太助や堀三太郎などの事業家が中心となり、直方周辺に多数の炭鉱が開かれ、石炭産業だけでなく鉄工業、商業も盛んになった。また、若松・折尾方面への筑豊本線など、石炭・貨物輸送を中心に鉄道網が形成され、直方には機関区や操車場も設置された。現在もJR筑豊本線、福北ゆたか線、平成筑豊鉄道、筑豊電気鉄道など多くの鉄道が市内を走っている。

多賀神社（木下陽一氏撮影）

最近では、名物の成金饅頭や煎餅などの菓子に加え、ご当地グルメの「焼スパ」も人気を集め、江戸期の女流俳人・諸九尼《しょきゅうに》や『放浪記』で知られる作家・林芙美子《ふみこ》ゆかりの地など、歴史・文化に触れる観光のまちづくりも進んでいる。

直方の商店街や路地裏、寺町などを歩くと、どこか懐かしいレトロな雰囲気に加え、江戸時代の城下町の気風も感じられる。

周辺の見所

■多賀神社・直方市石炭記念館

多賀神社は直方の鎮守、産土神《うぶすながみ》であり、寿命（長寿）・鎮魂・厄除けの神様として信仰されている。毎年秋に開催される多賀神社秋季大祭（日若祭《ひわかまつり》）では、江戸時代より伝わる日若踊が奉納される。

また、隣接する直方市石炭記念館は、もともと明治四十三（一九一〇）年に建設された筑豊石炭鉱業組合会議所の建物で、現在は筑豊炭田の歴史を伝え

直方市石炭記念館

る資料館として活用されている。写真や絵画資料、模型などの他、実際に使用されていた蒸気機関車や石炭採掘の機械、練習用坑道の跡など、貴重な資料を多数展示している。

多賀町公園（貝島太助邸跡）

多賀町公園は、炭鉱王・貝島太助の旧宅跡である。貝島邸は木造三階建ての豪華な建物であったという。園内には貝島太助の銅像（長崎平和祈念像の作者・北村西望《せいぼう》作）が建ち、貝島邸に

多賀町公園。炭鉱王・貝島太助の銅像が立つ

宿泊した森鷗外の文学碑や、郷土の俳画家・阿部王樹《おうじゅ》の句碑がある。

直方商店街

JR直方駅から歩いてすぐの直方商店街アーケードは、古町・須崎町・明治町・殿町通りと分かれていて、歩くとどこか懐かしい雰囲気がある。東蓮寺・直方藩時代には城下町の一角をなし、古町・殿町の一部は新町方面へと続く長崎街道跡でもある。

古町商店街沿いのアートスペース谷

アートスペース谷尾（直方市立美術館別館）

尾（直方市美術館別館）は、大正時代に旧十七銀行直方支店として建設された煉瓦造り二階建てのレトロな外観で、国の登録有形文化財となっている。建物内には、美術品展示の他、直方発祥の高取焼（古高取）の展示や喫茶スペースもある。

直方商店街で毎月五日（山部《やまべ》庚申社《こうしんしゃ》の縁日にちなむ）に開催される伝統の「直方・五日市」は大いに賑わう。

直方レトロ地区

前田園茶舗本店（手前）と石原商店

殿町周辺には、明治三十四年建築で今も現役の江浦医院をはじめ、国の登録有形文化財に指定された前田園茶舗本店、石原商店、旧讃井病院（向野堅一記念館）、直方谷尾美術館など、明治－昭和初期の建物が多く残り、「直方レトロ地区」と呼ばれている。

このうち直方谷尾美術館は、もともとは昭和初期に建てられた洋館造りの旧奥野医院であった。平成四年に明治屋産業創立者の谷尾欽也氏が建物を買い取って美術館として開設し、氏の逝去後に直方市に寄贈された。モダンな雰囲気を醸し出す館内で直方市ゆかりの作家たちの作品を鑑賞できる。

旧讃井病院（向野堅一記念館）

直方歳時館

直方歳時館は、炭鉱開発に尽力した堀三太郎の住宅として明治三十一年に建設されたものである。昭和十六年に市が寄贈を受けてから中央公民館として親しまれ、平成九年から二年を費やし修復されて「直方歳時館」という生涯学習施設になった。約一一〇〇坪の敷地に日本庭園や土蔵、木造平屋の純和風建物があり、本格的な茶会も開催できる。

雲心寺・西徳寺

JR直方駅から多賀神社にかけての一帯には雲心寺、東蓮寺、随専寺《ずいせんじ》、西徳寺、円徳寺など寺院が集中している。

雲心寺は直方黒田家ゆかり寺で、東蓮寺藩初代藩主・高政（雲心院殿）や家臣の墓がある。

直方駅のすぐ西側には西徳寺がある。寺伝によれば、山門は黒田家の家紋・

直方谷尾美術館

藤巴《ふじどもえ》がある武家門様式の薬医門《やくいもん》で、直方藩御館の門（元禄期以前の陣屋門か）が移築されたものという。また同寺所蔵の梵鐘は福岡城内に時を告げる「時の鐘」として使われていたもので、福岡藩の儒学者・貝原益軒《かいばらえきけん》の銘文がある。

直方歳時館

ちょっと足をのばして

■木屋瀬《こやのせ》・植木・小竹の町並み

木屋瀬宿（北九州市八幡西区）は、長崎街道筑前六宿の一つ。今は街道沿いの町並みが整備され、長崎街道木屋瀬宿記念館（みちの郷土史料館）や高崎家住宅などを見学することができる。

遠賀川を挟んで木屋瀬の対岸にあるJR筑前植木駅の周辺には植木宿があった。植木宿は、木屋瀬宿から猿田峠を越えて宗像の赤間宿へ向かう赤間往還の宿場である。植木には空也上人にちなむお堂や念仏踊り、地方歌舞伎の一団として栄えた植木役者の流れを組む三申《みさる》踊りなども残る。

また、飯塚方面へ向かう福北ゆたか線沿線の小竹町は、旧長崎街道の「間《あい》の宿《しゅく》」（中継地）で、古い町並みや六地蔵堂などが残る。

■福智山ろく花公園

福智山の山麓・永満寺《えいまんじ》地区にある花公園。広い園内にはユリ園やアジサイ園などがあり、四季折々の花を愛でることができる。

付近には黒田二十四騎の一人・母里《もり》

上：西徳寺山門。直方藩御館の門を移築したものと伝えられる／右：雲心寺。東蓮寺藩初代藩主・黒田高政の墓がある

モデルコース（所要時間：約５時間）
JR 直方駅［徒歩10分］多賀神社［徒歩５分］直方市石炭記念館［徒歩10分］直方歳時館［徒歩10分］直方レトロ地区（直方谷尾美術館他）［徒歩５分］殿町商店街［徒歩５分］多賀町公園［徒歩５分］アートスペース谷尾［古町商店街・明治町商店街を通り徒歩10分］JR 直方駅

旧木屋瀬宿の町並み（北九州市提供）。写真奥が長崎街道木屋瀬宿記念館

太兵衛《たへえ》が城主であった、筑前六端《ろくは》城の一つ鷹取城跡、福智山ダムの底に眠る高取焼（古高取）の内ケ磯《うちがそ》窯《がま》跡、直方いこいの村（蒸気機関車が保存）などもある。

［竹川］

遠賀川（穂波川）の河川敷と、「筑豊富士」といわれた旧住友忠隈炭鉱のボタ山

21 川筋の商都・炭都――飯塚

飯塚市・桂川町

古来より遠賀川流域の穀倉地帯、交通の要衝であった飯塚。周辺には立岩遺跡や川島古墳、王塚古墳（桂川町）などの古代遺跡も多い。

江戸期には旧長崎街道沿いの宿場町（筑前六宿の一つ）として、また遠賀川水運の拠点として発展。その後、石炭産業の展開や鉄道の敷設、遠賀川の改修工事などの近代化が進んで嘉穂郡の商都・炭都となった。その気風は今も息づいており、「川筋《かわすじ》気質」といわれるように何でも筋を通し、義理人情に厚い人々が多い。

飯塚市は、近年の市町村合併により市域がさらに拡大し、県央・筑豊地域の中心都市となっている。石炭産業の隆盛により育まれた芸術・芸能、娯楽文化や菓子文化は今も受け継がれており、旧伊藤伝右衛門邸、嘉穂劇場、麻生大浦荘などの観光名所も多い。また、飯塚山笠や「筑前いいづか雛《ひいな》のまつり」、「筑前の國いいづか街道まつり」、歴史ある商店街の大売り出し「永昌会」などの催しは市内外から訪れる人で大いに賑わう。さらに遠賀川河川敷の菜の花やコスモス、勝盛《かつもり》公園や旌《せい》忠《ちゅう》公園、大将陣《たいしょうじん》公園、八木山《やきやま》峠（新吉野公園）の桜など、花の名所も多い。近年は黒田官兵衛や伊藤伝右衛門、柳原白蓮《びゃくれん》、広岡浅子など、テレビドラマのゆかりの地としても注目されている。

周辺の見所

■飯塚宿跡

長崎街道筑前六宿の一つであった飯塚宿。その後、旧街道沿いがそのまま商店街（本町商店街、東町商店街）になり、中心市街地として発展した。現在も商店街のアーケードを歩くと、「鰻の寝床」とも呼ばれる奥行きの深い店舗が多く見られる。また一歩路地裏に入ると、飯塚の地名由来の「飯《いい》の山《やま》」にあった御茶屋跡（現在は飯塚公民館が建つ）や、大名が行列を整えた「勢屯《せいだま》り」の跡など宿場町の面影が所々に残り、太養院《たいよういん》や明正寺《みょうしょうじ》、真福寺《しんぷくじ》など趣のある寺院もあり、町なかを散策するのが楽しくなる。

本町商店街。街道筋がそのまま商店街になった

旧長崎街道沿いで、飯塚の産土神《うぶすながみ》・曩祖《のうそ》八幡宮がある宮町から片島にかけては古い醤油屋跡や旧家などの町並みが残る。市街地を流れていた飯塚川（穂波川）は埋め立てられ、千鳥屋本店横の栄橋の欄干から片島までは飯塚緑道公園の遊歩道として整備されており、散歩することもできる。

飯塚発祥の銘菓・菓子店

長崎街道は砂糖文化の伝わった道として「シュガーロード」とも呼ばれ、沿線には菓子文化が花開いた。特に飯塚では、石炭産業時代に菓子店が数多く誕生し、「銘菓のふるさと」と称される。本町商店街のアーケード内にあるひよ子本舗吉野堂の「名菓ひよ子」、昭和通り沿いにある千鳥屋本家の「千鳥饅頭」、その近くの栄橋のたもとにあったさかえ屋（現在本店は移転）の「すくのかめ」は全国的にも有名。千鳥屋本家の飯塚本店二階にはギャラリーが設けられており、千鳥屋創業者の

飯塚の地名の由来となった飯の山

曩祖八幡宮（木下陽一氏撮影）

千鳥屋本家の飯塚本店

原田家、伊藤伝右衛門や柳原白蓮《びゃくれん》ゆかりの品々などを見学できる。

嘉穂劇場

江戸時代の歌舞伎劇場・芝居小屋の建築様式を今に伝える嘉穂劇場。芝居小屋・中座を前身に、昭和六年に落成した。木造二階建ての入母屋造り。間口十間（約一八ｍ）の大きな梁《はり》を用い、柱を使わずにつくり上げられた、一二〇〇人を収容する贅沢な空間は見事である。平成十八年に国の登録有形文化財、平成十九年に国の近代化産業遺産に指定された。今も現役の劇場で、公演がない時は桝席や花道、廻り舞台、奈落《ならく》部分などの劇場内部や舞台裏を見学できる。

飯塚市歴史資料館

ＪＲ新飯塚駅の近くにある飯塚市歴史資料館には、立岩遺跡から出土した前漢鏡（国指定重要文化財）をはじめ、縄文・弥生・古墳時代の考古資料や、江戸時代の長崎街道飯塚宿・内野宿関係資料、近代の石炭産業の資料などが展示されている。

麻生大浦荘

飯塚市歴史資料館近くの柏《かや》の森《もり》地区一帯には、「筑豊御三家」（麻生・貝島・安川）に数えられた麻生家一族の住宅がある。その一つである麻生大浦荘は麻生家の別邸。大正末期の建築で、数奇《すき》を凝らした和風入母屋《いりもや》書院造りの美しい邸宅は、現在麻生グループ各社が接待や会合で利用する倶楽部となっている。また、様々な樹木に囲まれた芝生張りの庭園は四季折々の美しさがあり、特に紅葉の名所として知られる。春（二月下旬－三月上旬）と秋（十一月下旬）に特別公開され、多くの観光客が訪れる。

嘉穂劇場

旧伊藤伝右衛門邸

飯塚市幸袋《こうぶくろ》の旧伊藤伝右衛門邸は、筑豊炭田の有力炭鉱主で、歌人・柳原白蓮との恋物語でも知られる伊藤伝右衛門の邸宅である。明治・大正期の建

麻生大浦荘。春と秋に特別公開される

築技術や意匠の粋を集めた豪邸で、約一五〇〇坪の回遊式の日本庭園（国名勝）や、福岡市中央区天神にあった別邸・銅《あかがね》御殿から移築した長屋門など見所が多い。「筑豊の炭鉱王」と呼ばれた伝右衛門の功績を伝える文化遺産であり、近年では近代化産業遺産としても注目されている。付近の通りには巻狩《まきが》りの鏝絵《こてえ》の残る旧家など、明治・大正・昭和期の古民家が建ち並び、懐かしい雰囲気を味わうことができる。

立岩遺跡・川島古墳

遠賀川流域の飯塚周辺は古代遺跡の宝庫でもある。JR新飯塚駅に近い、遠賀川を臨む丘陵上の立岩地区には立岩遺跡がある。ここは弥生時代の石包丁の一大生産地であり、遺跡群の中心をなす堀田遺跡からは甕棺や前漢鏡十面をはじめ多くの副葬品が出土した。

　また飯塚市川島の川島古墳は装飾古墳として知られ、横穴式石室の奥壁に人物・三角文・円文が描かれていた。宮若市の竹原古墳や桂川町の王塚古墳などとあわせ、春（四月）と秋（十月）に遠賀川流域古墳の同時公開が行われており、普段は入ることができない古墳の内部を見学することができる。

　少し足を延ばせば、小正西《おばさにし》古墳公園や国指定史跡の鹿毛馬《かけのうま》神籠石《こうごいし》などもある。

ちょっと足をのばして

王塚古墳・王塚装飾古墳館

桂川町の王塚古墳は六世紀中頃につくられたと考えられる前方後円墳で、復元全長約八六m、その周囲には濠と

旧伊藤伝右衛門邸。和洋折衷の豪華絢爛な造りが特徴

周堤が巡っていた。最大の特徴は、赤・黄・白・黒・緑の五色を用いて石室全面に描かれた騎馬像や円文・三角文などの文様である。昭和二十七年、装飾古墳としては初めて国の特別史跡に指定された。

王塚古墳の石室レプリカ（王塚装飾古墳館蔵。吉村靖徳氏撮影）

併設の王塚装飾古墳館では、鮮やかな壁画を精緻に再現した実物大の石室レプリカや様々な出土品が展示されている。

内野宿跡・冷水峠《ひやみず》

飯塚市内野の旧内野宿は、長崎街道筑前六宿の一つである。また自然豊かで風光明媚な土地であることから、福岡藩黒田家の御狩場《おかりば》や御茶屋も置かれていた。旧街道沿いには今も、漆喰《しっくい》壁や銅製の防火扉の残る小倉屋や町茶屋であった長崎屋をはじめ古い町並みが残っており、往時を偲ばせる。内野宿展示館では長崎街道や内野宿の資料が見学でき、案内マップなどもある。宿場中央の恵比須像付近のT字路から御茶屋（本陣）跡を経て太宰府方面へ向かう道（米《こめ》の山越《やまごえ》、スダワラ越、宰府《さいふ》道《みち》などと呼ばれる）が続いている。

内野宿から山家《やまえ》宿（筑紫野市）方面へと向かう旧街道の途中には、長崎街道中の最大の難所といわれた冷水《ひやみず》峠がある。昔ながらの石畳の峠道で、文化庁の「歴史の道百選」にも選ばれており、街道ウォーキングや大根地《おおねち》神社への参拝などで往来する人も多い。

上：内野宿跡の恵比須像／右：内野宿の御茶屋跡近くに立つ大銀杏

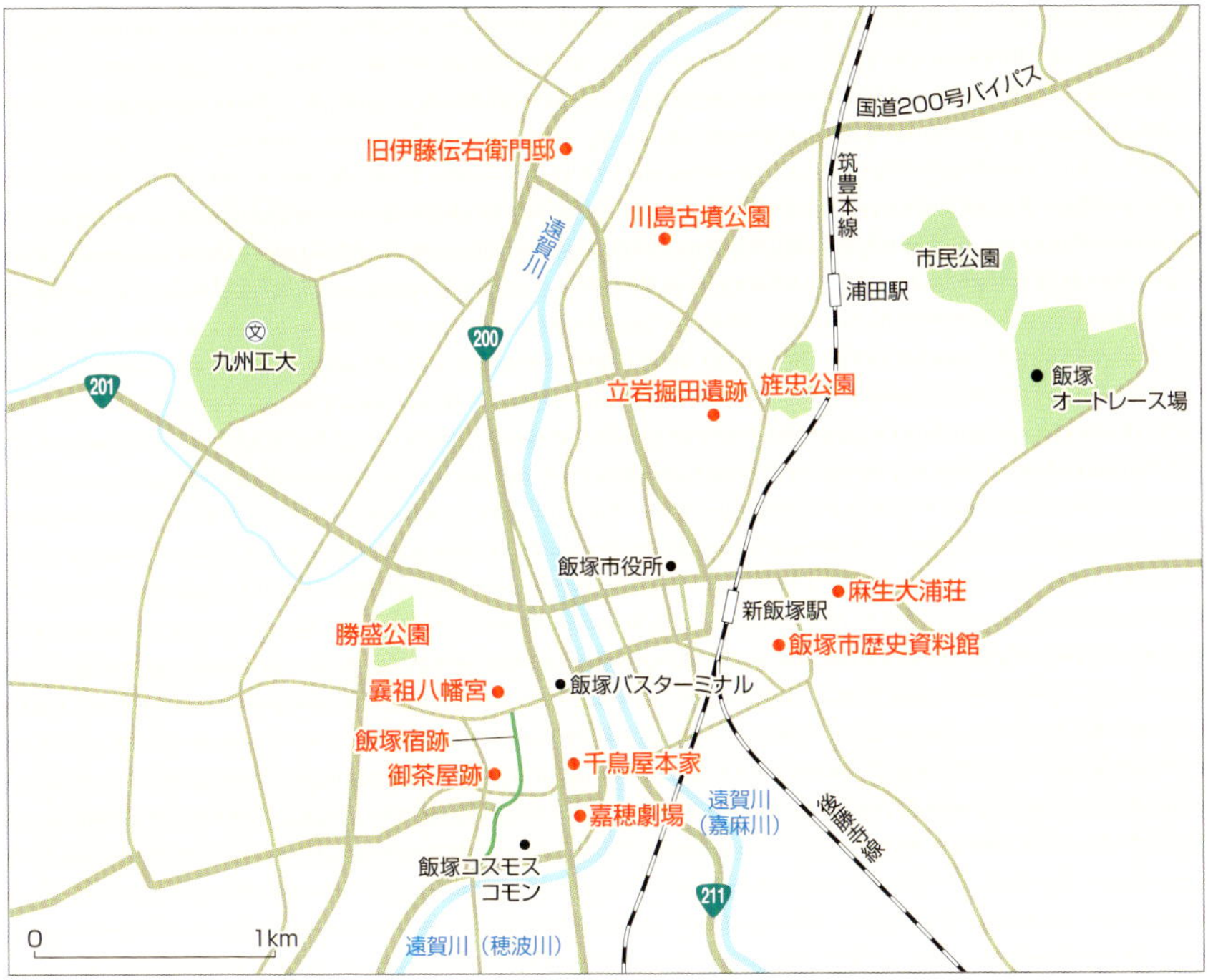

モデルコース（所要時間：約５時間）
JR 新飯塚駅［徒歩10分］飯塚市歴史資料館［徒歩10分］新飯塚駅バス停［バス５分］飯塚バスターミナル［徒歩５分］曩祖八幡宮［徒歩５分］飯塚宿跡（本町商店街・東町商店街他）［徒歩５分］嘉穂劇場［徒歩５分］千鳥屋本家［徒歩５分］飯塚バスターミナル［バス10分］幸袋・旧伊藤伝右衛門邸［バス15分］JR 新飯塚駅

少し車で移動すれば、黒田孝高《よしたか》（如《じょ》水《すい》）が福岡城の建材を求めて当地を訪れた際に宿泊したされる西光寺がある。当寺の庫裏《くり》は内野宿の御茶屋の部材の一部を利用して建てられたという。また、飯塚市大分《だいぶ》には筥崎宮の元宮（前身）とされる大分八幡宮や古代寺院の大分廃寺跡がある。［竹川］

大分八幡宮

遠賀川（嘉麻川）と嘉麻三山（左から馬見山、屛山、古処山）

22 遠賀川の源流・嘉麻の里

嘉麻市

　遠賀川の源流点がある馬見山《うまみやま》や古処《こしょ》山《さん》、屛《へい》山が南側に聳え、そこから市域中央部を遠賀川（上流部は嘉麻川）が流れる自然豊かな嘉麻市。嘉麻市は平成十八年に山田市、稲築《いなつき》町、碓井《うすい》町、嘉穂町が合併して誕生した。古来より清らかな水を活かした農耕が盛んで酒どころでもあった。『日本書紀』安閑二（五三五）年条には「筑紫の穂波の屯倉《みやけ》、鎌《かま》の屯倉などを置く」と記されている（屯倉は朝廷の直轄領）。その後、和銅六（七一三）年に諸国の郡名・郷名に好字を付けるよう勅命があり、「嘉麻」の字があてられたという。

　後藤又兵衛や母里太兵衛《もりたへえ》が城主を務めた益富城の城下町だった大隈は、江戸期に入ると宿場町となった。秋月から八丁《はっちょう》峠を越えて大隈を経由し香春や小倉方面へ向かう秋月街道や、大隈から小石原を抜けて杷木・日田、英彦山方面へ向かう道も通過し、大いに栄えた。近代以降は、三井山野炭鉱をはじめ碓井、山田などの炭鉱が最盛期を迎え、上山田線や漆生《うるしお》線（廃線）、後藤寺線などの鉄道も敷設された。

　現在は豊かな自然や風土に加え、万葉の歌人・山上憶良《おくら》の歌碑や益富城の「一夜城」伝説、後藤又兵衛や母里太

北斗宮

兵衛ら黒田武士ゆかりのスポットなど、町の魅力を積極的に発信している。

周辺の見所

北斗宮《ほくとぐう》

社伝によれば、天智天皇の時代（七世紀後半）、若本連《わかぎのむらじ》という人が、北斗星の信仰篤く、益富山に北斗大明神を勧請《かんじょう》したのが起源だという。江戸期は福岡藩により筑前十五神の一の宮とされ、歴代の藩主から手厚く保護された。

麟翁寺山門。益富城の搦手門を移築したと伝わる

かつては境内に樹齢二千数百年の大樟があったが、今ではその後継という樹齢六百年の大樟が残る。

麟翁寺《りんのうじ》・福圓寺《ふくえんじ》

麟翁寺は益富城の城主で、「酒は呑め呑め呑むならば」の「黒田節（筑前今様）」にも謡われた豪傑・母里太兵衛（毛利但馬）友信の菩提寺で、敷地内に墓碑がある。山門は益富城の搦《からめ》手門《てもん》を移築したものと伝えられている。

また隣接する福圓寺には、母里太兵衛の母と後藤又兵衛の母のものと言い伝えられる墓がある。

寒北斗酒造

享保十四（一七二九）年創業の蔵元。江戸期には伊能忠敬《いのうただたか》や福岡藩十代藩主・黒田斉清《なりきよ》が滞在したという記録も残り、今は銘酒「寒北斗」でその名を知られる。店舗兼主屋と二つの蔵は国登録有形文化財に指定されている。

上：鮭神社の献鮭祭／下：寒北斗酒造

旧秋月街道に面していて、通り沿いには天保五（一八三四）年創業の梅ケ《うめが》谷《たに》酒造もある。

鮭《さけ》神社

鮭神社は、遠賀川を遡上してきた鮭を神様の使い（鮭大明神）として祀っている、全国でも珍しい神社。毎年十二月には、氏子や流域住民が五穀豊穣や無病息災を祈るとともに、鮭を奉納・供養する献鮭祭《けんけいさい》が行われている。近くには銘酒「黒田武士」でも知られる

益富城跡。「城山」とも呼ばれる

天保年間創業の蔵元・大里《おおさと》酒造がある。

■益富城跡

益富城は戦国末期の「一夜城伝説」で広く知られている。当時は秋月氏の支城であったが、豊臣秀吉に攻め込まれた秋月種実《たねざね》は本拠の古処山《こしょさん》城へ退却。一夜明けてみると、立派な城が築かれ秀吉の大軍に占拠されていた。実際は大隈町民の協力のもと、扉や戸板、障子などで仮の城が築かれただけであったが、種実は秀吉軍の強大さに戦意を喪失し降伏したという。

江戸期には福岡藩の筑前六端《ろくは》城の一つに位置づけられ、黒田二十四騎の武将・後藤又兵衛や母里太兵衛が城主を務めたが、一国一城令で廃城になった。上西郷にある善照寺の山門は、益富城の大手門を移築したものと伝わる。

現在、城域の大部分は自然公園となっているが、所々に石垣や土塁などの遺構が残る。毎年秋には「一夜城祭り」も開催されている。

ちょっと足をのばして

■碓井琴平文化館

碓井琴平文化館は、織田廣喜《ひろき》美術館、碓井平和祈念館、碓井郷土館、碓井図書館からなる複合文化施設である。織田廣喜美術館は郷土の画家・織田廣喜氏の作品を中心に展示し、碓井郷土館は縄文時代から現代に至る嘉麻の歴史を紹介している。

■沖出《おきで》古墳

沖出古墳

嘉麻市漆生の沖出古墳は、四世紀終わり頃に築造された全長約六八mの前方後円墳。古墳公園として整備されており、墳丘斜面に葺《ふ》かれた石や墳丘上の埴輪が復元されている。出土品は碓井郷土館で見ることができる。

■山野の石像群（五百羅漢）

山野の若八幡神社の向かいの丘に、「五百羅漢」といわれる三五〇体ほどの石像群があり、鎌倉時代に妙道という人物が宇佐八幡宮の神領である若八

モデルコース（所要時間：約5時間）
JR桂川駅［車20分］碓井琴平文化館［車15分］麟翁寺・福圓寺［徒歩5分］北斗宮［徒歩5分］寒北斗酒造［車10分］益富城跡［車10分］鮭神社・大里酒造［車30分］JR桂川駅

幡神社に奉納したものといわれている。若八幡神社は秋に奉納される「山野の楽《がく》」でも知られる。

安国寺

下山田の安国寺は、暦応二（一三三九）年、国家安康と南北朝の戦いなどによる戦死者供養のため、足利尊氏・直義《ただよし》によって全国に建てられた安国寺の一つ。菊池氏との戦いで敗走していた尊氏が、下山田の山中にあった白衣《びゃくえ》観音像に祈願したところ九死に一生を得たため、この地が選ばれたという。境内には、嘉麻市出身で明治の初め頃に活躍し、若くして急死した横綱・不知火光五郎の墓碑がある。また裏手の白馬山には梅林公園がある。

遠賀川の源流点

遠賀川の源流点は、嘉麻市の馬見山の山中にある。小石原（東峰村）方面へ向かう国道二一一号線沿い、嘉麻峠付近にある遠賀川源流公園から約三〇〇mほど歩いた所にある。

［竹川］

23 石炭産業遺産の宝庫——田川

田川市・香春町・福智町・糸田町・大任町・赤村

炭坑節総踊り。香春岳をバックに数千人の人々が踊る

田川市は、「月が～出た出た～月が～出た～ヨイヨイ♪」でお馴染みの「炭坑節」発祥の地である。福岡県の中央部に位置し、東・西・南と三方を山々に囲まれた田川盆地の中心都市であり、一八九〇年代に始まる近代産業革命の進展と戦後の復興に寄与し、国内最大の石炭産出地「筑豊炭田」の中核として繁栄した。田川地域は大手企業の進出によって中央の文化がダイレクトに流入し、いち早く大正デモクラシーの洗礼を受けた。

炭坑の開発によって生じた炭坑町には、在来の地域住民と各地から集まってきた人々によって、新しい共同体社会が形成されていったのである。近代の田川地域は、まさに新時代の人間・文化の集積地であったといえる。

昭和五十八年三月、石炭産業の歴史と文化を後世まで継承していこうと、田川伊田駅裏側の三井田川鉱業所伊田坑跡地に田川市石炭資料館（現田川市

伊田竪坑櫓と二本煙突

石炭・歴史博物館）が建設され、平成八年四月には明治・大正・昭和期の炭鉱住宅を復元した産業ふれあい館が併設された。現在、鉱業所跡地は田川市石炭記念公園として市民の憩いの場となっている。公園には平成十九年に国登録有形文化財となった二本煙突（耐火煉瓦製、高さ四五・四五m）と伊田竪坑櫓《たてこうやぐら》（鉄製、イギリス様式のバックステイ形、高さ約二三m）が田川のシンボルとして聳えている。

九州日立マクセル赤煉瓦記念館

毎年十一月の第一日曜日とその前日には「TAGAWAコールマイン・フェスティバル　炭坑節まつり」が、香春岳やボタ山を望む、まさに「炭坑節」の原風景のもとで開催されている。フェスティバルのフィナーレを飾る炭坑節総踊りでは、数千人もの人々が色とりどりの衣装を身にまとって踊りの輪を形成、心を一つにして「炭坑節」を踊るという、炭都・田川市ならではの一大イベントが行われている。

平成二十三年五月、筑豊炭田（石炭産業）の歴史を絵と文で描いた山本作兵衛の炭坑記録画及び日記など記録文書六九七点が、国際連合教育科学文化機関（ユネスコ）の世界記憶遺産に国内で初めて登録された。炭坑労働者の視点から当時の炭坑社会を克明に捉えて描き、些細な事柄まで正確に文章で記録している点が評価されたのである。

石炭記念公園から彦山川沿いを直方市方面へ車で約二十分、福智町（旧方城町）の九州日立マクセル赤煉瓦記念館（旧三菱方城炭礦坑務工作室）に到着する。ここは三菱方城炭礦があった場所である。この記念館は坑内に風を送る送風機室であったため、一部三階建てに見える背の高い風格のある外観を呈しており、敷地内に残る数棟の赤煉瓦建物とともに往時を偲ばせている。現在、建物内部は一階が同社製品展示室、二階が応接スペースとして利用され、建物全体を蔦が覆い写真愛好家の被写体にもなっている。三菱方城、三井田川、製鉄二瀬《ふたせ》（現飯塚市）は、明治期における日本の三大竪坑と呼ばれた。平成九年に国の登録有形文化財となった。

周辺の見所

■風治《ふうじ》八幡宮

JR田川伊田駅を出てすぐ左側に鎮座。旧来、田川郡上伊田村・中伊田村・下伊田村の地主神で、「伊田大神」

と呼ばれていた。福岡県の五大祭りの一つに数えられる「川渡り神幸祭」（毎年五月第三土曜日と翌日の日曜日開催）は四五〇年の歴史があり、福岡県の無形民俗文化財に指定されている。筑豊地域に初夏の訪れを告げる筑豊最大の祭りである。「風治」の社号は、祭神の神功皇后が筑紫より長門国豊浦へ渡ろうとした時、風雨が激しくなったので、この社の大石に腰を掛け、天神地祇と伊田大神に祈ると風雨が治まったという伝説からつけられたものである。この時の大石が「神功皇后御腰掛石」として祀られている。

風治八幡宮の川渡り神幸祭

風治八幡宮拝殿

■田川市美術館

平成三年に筑豊初の公立美術館として開館。「筑豊からの発信」をテーマに、郷土ゆかりの作家たちを中心に様々な企画展が行われている。自然光を巧みに取り入れた館内と和洋折衷の外観は「公共建築百選」に選ばれている。

■料亭あをぎり

料亭あをぎり

香春神社。山王石（上）は昭和14年に香春一ノ岳より落下してきたもの

初代田川市長・林田春次郎氏の自宅及び迎賓館。自宅母屋の本館は、大正三（一九一四）年建築の木造二階建て。迎賓館（新館）は、昭和九年建築の木造二階建て。銅葺き屋根を持つことから建築当時、「銅《あかがね》御殿」と称された。

これらの建物は、炭鉱で栄えた当時を今に伝える貴重な存在として評価され、平成二十三年に国の登録有形文化財となった。

香春岳

五木寛之の『青春の門』で有名な香春岳は、一ノ岳（約二七〇m、もと四九一m）、二ノ岳（四六八m）、三ノ岳（五一一m）からなる。田川盆地の大部分から眺めることができ、「炭坑節」にも歌われるなど故郷・田川のシンボル的存在である。

香春神社

香春岳を神体山として一ノ岳南麓に鎮座。「延喜式神名帳」に記載されている由緒ある神社である。和銅二（七〇九）年、一ノ岳（辛国息長大姫大目《からくにおきながおおひめおおまの》命《みこと》）、二ノ岳（忍骨命《おしほねのみこと》）、三ノ岳（豊《とよ》比咩命《ひめのみこと》）の祭神を合祀したといわれている。境内には、昭和十四年に山頂から落石した「山王石」がある。

古宮八幡神社

豊比咩命が一ノ岳南麓に合祀されたあと、元の社《やしろ》を「古宮大神」と称して

古宮八幡神社拝殿

いた。養老四（七二〇）年、宇佐八幡神の託宣により三ノ岳の銅で宇佐神宮の御《み》正体《しょうたい》の御神鏡を鋳造して放生会《ほうじょうえ》に奉納、八幡神を勧請して古宮八幡神社となった。この神社の神輿の屋根は全国的にも珍しい杉の葉葺きである。

■採銅所《さいどうしょ》

香春岳の銅は、奈良の大仏や宇佐八幡宮の御神鏡鋳造にも使用されている。奈良時代から平安時代にかけて銅を採掘する役所であった「採銅所」は、現在もそのまま地名として残っている。

ちょっと足をのばして

■福智山

福智山周辺は昭和四十七年に北九州国定公園に指定されており、年間数万人が訪れている。山頂には巨岩や奇岩があり、そこからの眺めも絶景で、登山の人気スポットとして定着している。標高九〇一m。

■興国寺《こうこくじ》

七世紀後半の創建といわれ、後に足利尊氏が豊前国安国寺（尊氏が全国六十六カ所に建立した安国寺の一つ）と定めた。元晦《げんかい》禅師坐像、仏殿（観音堂）、紙本墨書興国寺文書などの県指定文化財や寺宝がある。また、尊氏が身をひそめたといわれる隠れ穴、戦運を占ったという墨染《すみぞめ》の桜、馬蹄石《ばていせき》などがある。

■上野焼《あがのやき》

徳川家茶道指南役の小堀遠州《こぼりえんしゅう》が茶器をつくるために全国から窯元を選定し

上：平成27年に開業100周年を迎えた採銅所駅。開業当時の駅舎は改修工事を経て今も現役／中：興国寺本堂／下：上野焼陶芸館。上野焼の魅力に触れられる展示販売所

モデルコース（所要時間：約３時間30分）
JR 田川伊田駅［徒歩８分］石炭記念公園（二本煙突、伊田竪坑櫓、石炭・歴史博物館）［徒歩８分］料亭あをぎり［徒歩６分］田川市美術館［徒歩15分］風治八幡宮［徒歩３分］JR 田川伊田駅

た遠州七窯の一つ。四百年の伝統と歴史の中で現代の感覚を取り入れ、洗練された格調高い優美な作品は人気があり、春と秋の窯開きには多くの陶芸ファンで賑わっている。昭和五十八年に国の伝統的工芸品の指定を受けている。

赤村トロッコ列車

旧国鉄油須原《ゆすばる》線の跡地を利用して、平成十五年に運行を開始した。往復三・四kmの道のりを約二十五分かけて走る。

石坂トンネル

明治二十八年に建設された九州最古の鉄道トンネルで、第一隧道《ずいどう》（延長三三・二m）、第二隧道（延長七四・二m）の二本で石坂トンネルを形成している。現在も平成筑豊鉄道田川線（行橋－田川伊田）の崎山駅－源じいの森駅間のトンネルとして使用されており、第二隧道は平成十一年に国の登録有形文化財となった。

［森本］

24 修験道の聖地——英彦山

添田町・川崎町

　福岡県の東南、低山が続く筑紫山地の秀嶺として、筑豊盆地からはその特異な姿をどこからでも遙拝することできる。古代からその霊峰が天照大神《あまてらすおおみかみ》の御子・天忍穂耳命《あまのおしほみみのみこと》の御座《おわ》す「日子《ひこ》之《の》御山《みやま》」として崇められてきた。標高一一九九ｍの南岳を最高峰に、英彦山神宮の上宮本殿のある中岳、北岳の三峰に英彦山三所権現《さんしょごんげん》が鎮座する。「彦山縁起」には「四境七里永く寺産として御願寺となし、（中略）山に三千の衆を置き、邑《むら》に八百の坊を置く」とあり、七里四方の寺領を持ち、八百の宿坊に三千の衆徒山伏が法灯を護ってきた霊山である。江戸時代に英彦山座主《ざす》・相有《そうゆう》が撰した『彦山勝景詩集』に描かれる景観が今も息づいている。

雲母坂《きららざか》と銅鳥居《かねのとりい》

古来、天領日田からの参詣者は英彦山南坂本から雲母坂を通った。山風を受けて揺れる木々と雨露に濡れてキラキラと光る石畳の美しい情景が「雲母《きらら》晴嵐《せいらん》」と詠われた。参詣者はこの坂を過ぎ、小倉往還道との分岐、追分唐ケ《おいわけからが》谷《たに》を通り、銅鳥居の建つ参詣者溜《だまり》「勢溜《せいだまり》」に出る。脇に建つ「下乗石《げじょういし》」が示すように、参詣者はこの広場で籠《かご》、馬をおり、潔斎《けっさい》して、徒歩で参詣した。

　英彦山神宮銅鳥居は、参道門前を結界する英彦山大門で、国内有数の銅無《どうむ》垢《く》明神鳥居として国の重要文化財に指定されている。この鳥居には、「文禄の役」で朝鮮被虜人として連行され、その後鍋島勝茂の右筆となった洪浩然《こうこうねん》の筆になる銘文があり、左柱には「願主　従四位下行侍従鍋島信濃守藤原朝臣勝茂敬白」、右柱には「寛永第十四丁丑年八月吉日」などと刻まれており、英彦山信仰の象徴として、寛永十四（一六三七）年に初代佐賀藩主・鍋島勝茂が寄進したものとわかる。中央に掛かる金字の「英彦山」の扁額は享保十四（一七二九）年に霊元法皇より下賜され、この時「英」の冠字を賜った。大門銅鳥居から英彦山神宮上宮本殿へは二十八丁（三km）余りである。

財蔵坊《ざいぞうぼう》

　銅鳥居から一〇〇ｍほどの参道左手に江戸時代の楞厳坊《りょうごんぼう》、浄鏡坊《じょうきょうぼう》、財蔵坊の古坊群が軒を連ねる。中でも財蔵坊は福岡県指定文化財で、民俗資料館として江戸時代の茅葺き屋根の姿に復元されている。英彦山で修行していた山伏は「坊」と呼ばれ、それぞれに居を構えていた。坊舎は傾斜地に多くの平坦地を連ねていくため、門前参道に壮大な石垣が形成された。坊ごとに小さな門口を設け、塀などで仕切って参道と屋敷地を区画している。幕末二五〇坊ほどあった古坊建物も今は十棟ほどしかなくなっている。この財蔵坊もそのような古坊の一つで、英彦山の厳しい風雨に耐えるよう雁行状の「屋《かぎ》となっている。間取りは式台玄関から三間の客殿間があり、英彦山参りの「檀家」の宿所、接客間にもなっていた。座敷間奥には神前祭壇があり、また台所の御前クド、内証《ないしょう》囲炉裏間、山伏が祈禱札や秘薬をつくっていた二階納戸などは往時の山伏の生活を彷彿とさせる。

上：石畳が続く雲母坂／中：財蔵坊。建築当時の姿をよく伝えている／下：旧亀石坊庭園。雪舟の作庭と伝えられている

旧亀石坊《かめいしぼう》庭園

盆に華を挿し、愛《め》でる生け花は修験道に起源があるともいわれる。英彦山坊舎には必ず客殿に面した庭園があり、苔むした巧妙な配石と四季折々の草花が英彦山参詣の人々の目を和ませてきた。その最古のものが旧亀石坊庭園であり、昭和三年、国指定名勝となった。亀石坊は英彦山奉行格の有力坊で、政所坊《まんどころぼう》、増了坊《ぞうりょうぼう》とともに「英彦山御三家」とも称された坊である。現在坊舎はなくなっているが、参道から五十mほど奥に門口があり、山手側に池泉《ちせん》庭園がある。この庭園は古来より画聖・雪舟の作庭と伝えられ、『彦山勝景詩集』に「雪舟假山《かざん》」と題詠されている。常栄寺《じょうえいじ》庭園（山口市）などとともに雪舟四大庭園にも数えられる。伝承には英彦山山伏が薩摩で出会い、その勧誘によって英彦山に訪れたという。英彦山での滞在は当初玉屋谷《たまやだに》の泉蔵坊《せんぞうぼう》であったといわれ、泉蔵坊跡にも古式庭園が残っている。その後、亀石坊が雪舟に作庭を懇願したという。旧亀石坊庭園は回遊式の池泉と巧妙な配石が、まさに雪舟が描いた山水画にも通じる。池の中央には坊名の由来である苔むした亀石がゆったりと横たわっている。

英彦山神宮奉幣殿《ほうへいでん》

亀石坊から上手は上霊仙谷《かみりょうせんだに》と呼ばれ、江戸初期の座観式庭園のある顕揚坊《けんようぼう》や座主代政所坊など古坊が多く、江戸初期にいち早く再建されたものと思われる。というのも英彦山は戦国動乱期に周辺諸国大名の覇権争いに巻き込まれ、

（上から）英彦山神宮奉幣殿／英彦山中岳山頂に鎮座する上宮本殿／大南社／鬼スギ。樹齢1200年以上という

永禄十一（一五六八）年、天正九（一五八一）年の二度にわたり、豊後大友義統《よしむね》が率いる四千の軍勢によって全山焼失の憂き目に遭った。江戸時代となってようやく平穏が訪れると、慶長五（一六〇〇）年に小倉藩主となった細川忠興《ただおき》が知行地を与えて復興の旗を振り、元和二（一六一六）年には大講堂を再建し、元和四年に阿弥陀三尊像、不動三尊像、本尊釈迦如来像七体を安置して手厚く庇護した。この大講堂が現在に残る国指定重要文化財「英彦山神宮奉幣殿」である。忠興の再建建物は寄棟《よせむね》造りの建物であったことが知られるが、その後小倉藩主となった小笠原家が代々営繕を行い、享保の大修理で入母屋《いりもや》造りに変更し、棟を一段と高くして今の姿になったという。『彦山勝景詩集』には「明月講堂」と詠われ、今も幾多の苦難を越え護り継がれてきた壮大な大屋根を月明かりが照らしている。

■英彦山神宮上宮本殿

奉幣殿境内地から約二・三kmで英彦山神宮の本社が鎮座する山頂に到達する。霊山山頂域に江戸時代の神社建築が存在することは珍しく、霧囲いの内側には白無垢《しろむく》五間社《ごけんしゃ》流造《ながれづく》りの荘厳な宝殿があり、その美しさに圧倒される。社伝には奈良時代以前に宝殿が建築されたとされ、建久二（一一九一）年、豊前国主・宇都宮信房《のぶふさ》が拝殿営繕を行っている。天正九年の大友侵攻以降は代々佐賀鍋島家によって営繕されてきた。現行建物は天保十三年、佐賀藩主・鍋島斉正《なりまさ》によって再建されたものである。古来英彦山参詣者は「雲上《うんじょう》の社《やしろ》」と呼んで、その神々しい姿に手を合わせた。

■鬼スギ

南岳のピークから急なスロープを下っていくと、途中「材木石」に出会う。

この石は玄武岩《げんぶがん》が柱状に節理したもので、彦山権現の策によって鬼が逃げて行く時に残した木材が石になったという伝承がある。さらに「大南社《だいなんしゃ》（大《おお》南窟《みなみくつ》）」と呼ばれる山伏が山籠り修行した洞窟を過ぎ、南麓最深部に下っていくと、眼前に周りの景色を遮るほどの巨木が現れる。これが「鬼スギ」である。樹齢一二〇〇年以上、胸高周囲一二・四m、樹高は六〇mほどあったというが落雷により幹が折れて、三八mに留まっている。しかしながら、杉では県下最大級で、唯一国天然記念物に選定されている。また、数多の古地図や絵図にも描かれており、鬼が逃げて行く時、鬼の頭目が挿した杖が鬼スギとなったという伝承とともに、英彦山御神木として大切にされてきた巨木である。今も英彦山のシンボルとして森林の中に雄々しく立っている。

モデルコース（所要時間：約5時間）
JR彦山駅［添田町営バス15分］銅鳥居［徒歩5分］財蔵坊［徒歩15分］旧亀石坊庭園［徒歩15分］奉幣殿［徒歩90分］上宮［徒歩70分］鬼スギ［徒歩70分］奉幣殿［徒歩15分］銅鳥居［添田町営バス15分］JR彦山駅

ちょっと足をのばして

藤江氏魚楽園《ふじえしぎょらくえん》と安宅《あたか》彼岸花棚田

英彦山から中元寺《ちゅうがんじ》川沿いに北上して、川崎町安真木《あまぎ》地区に国指定名勝「魚楽園」がある。文久二（一八六二）年に漢学者・村上仏山《ぶつざん》が、中国の詩経の一節「魚楽しければ人また楽し、人楽しければ魚また楽し」から引用して命名したといわれている。都の戦乱から逃れてきた雪舟が平和への願いを込めて作庭したと伝えられている。配石の巧妙さなど旧亀石坊庭園に通じるもので国指定名勝に選定されており、秋のライトアップで池に映る幻想的な　紅葉は必見である。

この魚楽園から安宅川を遡ると、最奥地・小峠地区に彼岸花が群生する棚田がある。毎年九月下旬、真っ赤な絨毯が埋め尽くし、多くの見学者が訪れている。

［岩本］

25 南北朝の古戦場――小郡・大刀洗

小郡市・大刀洗町・筑前町

　南北朝時代の正平十四・延文四（一三五九）年、大宰府を攻めようとする懐良《かねよし》親王、菊池武光《きくちたけみつ》らの征西府軍（南朝方）と、大宰府を拠点とする少弐頼尚《しょうにょりひさ》軍（北朝方）が筑後川沿岸から大保《おおほ》原《ばる》において戦った。『太平記』に「菊池合戦ノ事」として描かれる、九州南北朝最大の合戦・大保原合戦（大原合戦、筑後川の戦いとも呼ばれる）である。この戦いの舞台となったのが現在の小郡市・大刀洗町周辺である。

　大保原合戦では両軍に多くの犠牲者が出たといわれ、戦死者を葬った塚だと伝えられる場所がいくつもある。小郡市大保には、両軍将士の墳墓といわれる七つの塚があった。三つの塚からなる大善風塚《だいぜんぷうづか》と、四つの塚からなる小善風塚である。小善風塚は明治時代後半には耕地となり失われたといい、大善風塚は昭和四十年代頃まではあったが、現在は残っていない。今では西鉄大保駅の南、線路沿いの小学校グラウンドの片隅に、鎮守の森のように小善風塚の跡が残るのみである。付近には戦死者の供養のために建てられた善風寺が江戸時代初めまであったといわれ、発掘調査でこの寺に関係すると考えられる溝や瓦などが見つかっている。

　戦場となったのは小郡市から大刀洗町にかけて広がる大保原、山隈原《やまぐまばる》といわれた原野であったが、今は小郡市の中心部となっている小郡市役所横の東町公園内に「大原古戦場碑」と刻まれた碑が建っている。この碑は明治四十四（一九一一）年に三井郡内の教育者や小学校児童から建設費を集めて建てられたものである。この辺りの小字は「前伏《まえぶせ》」といい、少弐軍が前衛の兵を配置していたことから付いた地名だといわれている。公園内には「大原戦役史蹟上聞之碑」（昭和十二年）、「大原合戦六百年祭記念碑」（昭和三十四年）、

小郡市役所横の東町公園に建つ「大原古戦場碑」

「大原合戦六五〇周年記念碑」（平成二十一年）ほか、いくつもの記念碑が建ち並んでいる。

　大保原合戦は南朝方が優勢のまま終わったが、そのまま大宰府まで攻め込むことはできず、懐良親王らがようやく大宰府入りを果たしたのは、二年後の正平十六・康安元（一三六一）年であった。その後、約十一年間征西府は大宰府にあったが、九州探題に任命された今川了俊《りょうしゅん》が文中元・応安五（一

福童原古戦場

三七二）年に大宰府を奪い返す。さらに了俊は高良山に退却した征西府を攻めるため文中三・応安七年、福童原《ふくどうばる》（小郡市福童）に陣を布《し》いた。了俊は高良山の征西府を攻略し、敗れた征西府軍は菊池へと撤退した。
　この戦いによる戦死者を葬ったという「千人塚」と呼ばれる塚が小郡市福童にある。塚の上には「史蹟福童原古戦場」の碑があり、碑の背面には「文中三年官軍ノ主力菊池武安等今川了俊ト交戦セシ所ナリ」と刻まれている。また昭和四年に建てられた「霊魂祀」の碑もある。
　福童原古戦場のほど近くにある大中《おおなか》臣《とみ》神社の境内には、県指定天然記念物「福童の将軍藤」がある。この藤は大保原合戦で傷を負った懐良親王が、大中臣神社に快復を祈願し、傷が癒えたことを感謝して奉納したものとされている。また同神社には天保六（一八三五）年に建てられ、市有形文化財に指定されている楼門がある。
　小郡市の北東部にある標高一三〇・六mの花立山《はなたてやま》は、城山とも呼ばれ、山頂付近には山隈《やまぐま》城があった。山頂からは大保原や、南朝方の拠点であった耳《み》納《のう》山地が見渡せる。大保原合戦の際には、少弐頼尚が陣を置いた。戦国時代

福童の将軍藤（小郡市教育委員会提供）

花立山。山隈城は筑前・筑後国境の城として重要な位置にあった

には大友氏の家臣・戸次鑑連《べつきあきつら》が在番したり、秋月種実《たねざね》の支城になったりもした。

大刀洗町の名は、大保原合戦の際に、菊池武光が血刀を川の水で洗ったという故事に由来する。その川とされるのが大刀洗川で、川沿いの大刀洗公園には昭和十二年建立の菊池武光銅像と、明治四十四年に建てられた「菊池武光公太刀洗之場」碑がある。太刀を洗った場所については論争があり、筑前町山隈にも大正十一（一九二二）年に建てられた「菊池武光公太刀洗之碑」がある。

大刀洗公園に立つ菊池武光銅像

周辺の見所

小郡官衙《かんが》遺跡

小郡官衙遺跡は七－八世紀の古代の御原《みはら》郡の役所跡とされ、国指定史跡となっている。整然と並ぶ庁舎や倉庫群、溝などの跡が見つかっており、建物の配置は三期にわたって移り変わっている。また小郡市上岩田の上岩田遺跡から小郡官衙遺跡、大刀洗町の下高橋官衙遺跡へと役所が移転したことが想定されている貴重な例である。新設されたトイレの上に展望台が設けられ、遺

小郡官衙遺跡。当時の建物の柱と
同じ場所に石柱が配置されている

跡を見渡すことができる。

松崎宿

薩摩街道沿いにある宿場町で、寛文八（一六六八）年、有馬豊範《とよのり》が久留米藩から御原郡のうち一万石の分知を受け、松崎に陣屋を置いたことにより町が整備された。御茶屋（本陣）が設置され、二十数軒の旅籠があったという。現在も、宿場の出入口である南北の構《かまえ》口《ぐち》や、江戸時代後期に建てられた旅籠《はたご》油屋《あぶらや》が残る。市指定文化財である旅籠油屋は大型の造りで、一般の旅人を泊めた主屋と身分の高い賓客を泊めた座敷からなる。座敷部分は解体調査によって嘉永二（一八四九）年に建てられたことがわかり、平成二十七年に当時の姿に復原された。

旅籠油屋。平成27年に座敷部分（左側の棟）が復原された

媛社神社。地元では親しみを込めて「七夕さん」と呼ばれる

媛社《ひめこそ》神社

通称・七夕神社。『肥前国風土記』に見える御原郡の「姫社《ひめこそ》の社《もり》」がその原型と考えられており、媛社神と織女《しょくじょ》神《しん》を祀る。古代の機織《はたお》りの女神としての伝承と、江戸時代後半に全国的に広まった七夕信仰が結びつき、「七夕さん」として広く信仰を集めるようになった。毎年夏祭りの頃には全国からたくさんの短冊が奉納される。

如意輪寺《にょいりんじ》

小郡市横隈《よこぐま》にある真言宗の寺院で、十二年に一度、巳《み》の年に開帳される本尊の木造如意輪観音立像は、平安時代後期の作と考えられている。如意輪観音は通常坐像であらわされるが、他に例を見ない立像としてつくられており、県指定有形文化財となっている。境内や堂内には多数のかえるの石像などが

如意輪寺。たくさんのかえるの像が参拝者の目を楽しませる

置かれ、「かえる寺」として知られる。

■九州歴史資料館

大宰府史跡の発掘調査をはじめとして、福岡県を中心に九州の歴史や文化を研究するとともに、その成果を公開している。また出土資料の整理や保存・修復を行っているバックヤードの見学もできるほか、土日祝日を中心に、古代体験も行っている。

■小郡市埋蔵文化財調査センター

小郡市内の発掘調査の拠点として、出土遺物の整理・収蔵を行うほか、展示室・収蔵展示スペースを設け、資料を公開している。また勾玉《まがたま》づくりや火おこしなどの体験もできる。講演会・歴史講座・古代体験講座も開催し、考古学のみならず小郡市の歴史・民俗についての情報を発信している。

■大刀洗飛行場跡

大刀洗飛行場は大正八年、現在の朝倉市、大刀洗町、筑前町にまたがる地に陸軍の飛行場として設置された。民間航空にも使用され、大阪・東京と結んだほか、大陸への空の玄関ともなった。関連施設も次々と開設され、西日本における陸軍の一大航空拠点となったが、昭和二十年の空襲で壊滅した。周辺には飛行場関連の遺構が残り、甘木鉄道太刀洗駅近くにある筑前町立大刀洗平和記念館でその歴史を見ることができる。

今村天主堂（大刀洗町教育委員会提供）。高さ約20m の双塔が目を引く

■今村天主堂

大刀洗町今《いま》にある今村天主堂は、明

モデルコース（所要時間：約2時間30分）

西鉄大保駅［徒歩5分］善風塚跡［徒歩10分］小郡官衙遺跡［徒歩10分］大保原古戦場碑［徒歩20分］媛社神社［徒歩20分］福童原古戦場［徒歩10分］大中臣神社［徒歩7分］西鉄端間駅

治四十一年、本田保神父により建設が計画され、地元信者とドイツなど諸外国からの寄付によって大正二年に完成した。設計・施工は、長崎県などで多くの教会建築を手がけた鉄川与助である。煉瓦造りで正面左右に二つの塔を持ち、窓のステンドグラスはフランス製である。平成二十七年に国指定重要文化財となった。

ちょっと足をのばして

宮ノ陣《みやのじん》神社の将軍梅

宮ノ陣という地名は大保原合戦の際に、征西将軍宮・懐良親王ら南朝方が陣を置いたことに由来するとされる。宮ノ陣神社の境内にある将軍梅は合戦の勝利を祈って懐良親王が自ら植えたと伝えられ、久留米市指定天然記念物となっている。

〔須佐〕

26 久留米城から寺町へ

久留米市

勇壮な石垣が残る久留米城本丸跡

久留米の旧城下町は、意外と起伏に富んでいる。「意外と」というのは、日常、息が上がるほどの坂道もなく、一見、平地につくられた町に見えるからである。ところが、注意して歩いてみれば、私たちは、緩やかに上り下りしていることに気づくのである。

現在の久留米市街は、江戸時代の城下町を基礎としながら、近代交通の発展や、戦災とその復興によって、大きく変容してきた姿である。

城下町の形成は、元和七（一六二一）年、有馬豊氏《とようじ》の久留米入城に始まる。それまで筑後一国を治めた田中家が改易、北筑後に有馬豊氏、南筑後に立花宗茂《むねしげ》が移された。豊氏は、丹波福知山八万石から二十一万石への加封であった。

久留米城は、田中家の支城の一つで、一国一城令の影響により、豊氏入国当初は廃城同然だった。支城は、二十一万石の居城に相応しく拡張され、本丸から二の丸・三の丸・外郭が、堀を挟みながら南に延びる「連郭式」となる。

本丸に政治を行う本丸御殿、二の丸に藩主御殿、三の丸に家老屋敷や御蔵、外郭に上中級の侍屋敷や諸役所が置かれた。四つの郭全体を囲む堀を外堀といい、その域内を久留米城と呼んだ。

かつて外堀は、南は明善高校（前身

明治10年創建の篠山神社

は藩校・明善堂）南辺から市民会館・商工会議所へ、東は裁判所裏から労働会館北側を巡って久留米大学医学部構内へ、西はブリヂストンやアサヒコーポレーションの構内を走っていた。

明治以降、城内の櫓《やぐら》や門は撤去され、堀はほとんど埋め立てられた。今、城の面影を最も残すのは本丸跡であろう。勇壮な石垣が聳え、南面はなお堀が囲み、有馬家を祀る篠山神社が建つ。この鎮守の杜《もり》は広域から確認でき、本丸が周囲を見渡せる高まりに築かれたことを物語る。

大手門の跡地には明治時代より篠山神社の鳥居が建つ

実際、本丸から真っ直ぐに二の丸・三の丸を経て外郭へ進むと、なだらかに下ることになる。周辺に時々、堀の名残が、水路や道筋、わずかな高低差として認められる。

城外では、武家地が比較的高い土地に配置された。東に櫛原小路《くしはらこうじ》・十間屋敷、南に足軽などの軽輩が住む荘島《しょうじま》小路、西に中下級武士が住む京隈《きょうのくま》小路が整備された。これらの間を縫う低い土地に、両替町、呉服町、通町などの町人地が広がっていった。いま、両替町公園や市役所の辺りに立ってみると、南は荘島町、西は京町に向かって、土地が上っていくのがわかる。

また城の整備に伴い、多くの社寺が城外に移された。外郭に残された祇園社は別として、山王《さんのう》社（日吉神社）は日吉町へ、諸寺院は丹波から下った妙正寺《みょうしょうじ》や本泰寺《ほんたいじ》とともに寺町に寄せられた。

寺町は、久留米城を大手門、または狩塚《かりづか》橋門から出て通町沿いに東進すると、鉄砲小路の東、通町六―八丁目の北にある。特に大手門から出た場合、御使者屋《おししゃや》（両替町）の前や、柳川往還の基点である札《ふだ》の辻《つじ》（三本松町）を通る。

寺町の寺院は、江戸時代には末寺を含め二十五を数えたが、現在は十七となっている。各寺院には、久留米の発展に貢献した多くの先人の墓がある。久留米つつじの始祖・坂本元蔵（妙正

通町から寺町へ。両側に寺院が並ぶ

寺）、明善堂創建者・樺島石梁《かばしませきりょう》（真教寺）、久留米絣の創始者・井上伝《でん》（徳雲寺）、ブリヂストンの創業者・石橋正二郎（千栄禅寺《せんえいぜんじ》）のほか、今井栄《さかえ》（西方寺）や不破美作《ふわみまさか》（本泰寺）など幕末維新に散った久留米藩士たちも偲ばれる。

寺町の南側にある真教寺。通りからも立派な鐘楼が見える

周辺の見所

有馬記念館

久留米市制七十周年を記念して、昭和三十五年に久留米城本丸跡に開館し

久留米城の本丸跡に建つ有馬記念館

有馬家の菩提寺・梅林寺。春には境内に梅が咲き誇り、秋は紅葉が美しい

た。展示室では、久留米藩ゆかりの郷土資料を中心に公開している。石橋正二郎から寄贈された建物は、市民会館、久留米市役所、石橋文化センターと同じく、建築家・菊竹清訓《きよのり》の設計である。

水天宮（斎藤英章氏撮影）。全国各地にある水天宮の総本社

梅林寺

京隈の西手、筑後川沿いにある臨済宗妙心寺派の名刹で、久留米藩主・有馬家の菩提寺である。有馬豊氏が丹波福知山の瑞巌寺《ずいがんじ》をこの地に移して創建、のち父・則頼《のりより》の法号から寺号を梅林寺に改めた。有馬家墓所には、初代・豊氏、二代・忠頼《ただより》、七代・頼徸《よりゆき》、十代・頼永《よりとお》の墓塔、他の歴代藩主の供養塔が建つ。春には梅、秋には紅葉が境内を彩る。

水天宮

建久元（一一九〇）年創建、二代・忠頼が社地・社殿を寄進して、現在の地・瀬下町に遷された。天御中主神《あめのみなかぬしのかみ》、安徳天皇、高倉平中宮《たかくらたいらのちゅうぐう》、二位《にい》の尼《あま》を祭神とする。宮司の真木家から、幕末志士・真木和泉《いずみ》が輩出した。境内には、和泉を祀る真木神社や、彼が謹慎した山梔窩《くちなしのや》（復元）がある。

坂本繁二郎生家

近代洋画家・坂本繁二郎の生家は、久留米に唯一残る武家屋敷で、京町にある。家屋は、坂本が生活した明治三十五（一九〇二）年頃の姿に復原し、公開している。坂本は、画家を志して上京、フランス留学を経て久留米に戻り、八女市に転居した。「帽子を持てる女」「放牧三馬」など数々の名作を残している。八女市のアトリエは、石橋文化センター内に移築されている。

坂本繁二郎生家。久留米に唯一残る武家屋敷

青木繁旧居

青木繁は、高等小学校で坂本繁二郎

と席を並べ、森三美《みよし》の手ほどきを受けて洋画の道へ進んだ。坂本とは生涯を通じて友人であり、良きライバルであった。「海の幸」「わだつみのいろこの宮」などの作品を残し、二十八歳の若さでこの世を去った。青木が生まれ、少年時代を過ごした荘島町に、その旧居が復元整備を経て公開されている。

■つきほし歴史館

ムーンスターの企業博物館。同社は、明治六年創業の「つちやたび」に始まり、ブリヂストン、アサヒコーポレーションと合わせて「ゴム三社」と呼ばれる。大正十五（一九二六）年建築の迎賓館をそのまま展示施設とし、同社の履物づくりの歩みを、明治から今日に至る文化や生活スタイルの移り変わりとともに紹介している。

■素戔嗚《すさのお》神社（祇園社）

外郭の祇園社は、明治になって名を素戔嗚神社に改められた。貞観十七（八七五）年創建の由緒を持つ。正保四（一六四七）年に復興された御神幸行列は、久留米城下有数の祭りであった。昭和二十年の空襲で、社殿・神輿は焼失した。この時、顔部分の吹き飛んだ狛犬は、柱だけが残った粟島《あわしま》神社の鳥居（日吉町）とともに、久留米空襲の被害を伝える数少ない遺跡である。

ちょっと足をのばして

■久留米市埋蔵文化財センター

久留米城下町遺跡を含め、久留米市の発掘調査で出土した遺物を整理・保存活用している。出土遺物は、常設展示や、文化財保護協調週間（十一月一ー七日）に合わせて開催する「くるめの考古資料展」などで公開される。開館は平日のみ。

■五穀神社

通外《とおりほか》町府中口にある。寛延二（一七四九）年、七代・頼徸が創建した。放生池に架かる石橋は、文化三（一八〇六）年に藩の領民から寄進されたもので、市内では高良山御手洗《みたらい》橋（一八〇三年）についで古い。春秋の大祭で、田中久重がからくり人形を上演したことも知られる。久重の生家は、通町十丁目と程近く、現在、記念碑が建っている。また境内の一角にある「郷学の森」には、久重をはじめ、久留米絣の始祖・井上伝やブリヂストン創業者・石橋正二郎らの胸像が並んでいる。

田中久重も渡ったであろう五穀神社の石橋

■府中宿

モデルコース（所要時間：約４時間）
JR久留米駅［徒歩５分］坂本繁二郎生家［徒歩６分］水天宮［徒歩10分］梅林寺［徒歩20分］久留米城跡（篠山神社・有馬記念館）［徒歩15分］明善堂跡・明治天皇大本営［徒歩３分］御使者屋跡（両替町公園）［徒歩15分］寺町［徒歩10分］西鉄久留米駅

府中宿の町並み

現在、高良大社の参道口にあたり、古くから高良大社の門前町で、江戸時代には薩摩街道・日田街道筋の宿場町として栄えた。大名・旗本らが休息する本陣（御茶屋）や庶民が利用する旅籠、問《とい》屋《や》場《ば》などが置かれた。本陣跡は、御《み》井《い》小学校にある。また、昔ながらに細い道幅や蔵造りの旧家、恵比寿像が往時の風情を伝える。［穴井］

27 山辺の道を訪ねて

久留米市

筑後川の中流域、河畔に立つとまず目に入るのが、南方に壁のごとく聳える耳納《みのう》山地の偉容である。「屏風を立てた」と表現されるその山容は、水縄《みのう》断層帯の活動とともに形成され、長い年月をかけて独特の美しい景観を形作った。

耳納北麓は、古代から主要な交通路の一つであったと考えられる。慶長六（一六〇一）年に国主として筑後に入国した田中吉政の治世には、久留米城下と日田を結ぶ日田街道山辺道《やまべのみち》が成立し、活発な人の往来があった。

山地の西端部には、古代から信仰や、戦略上の拠点として重要な位置を占めた高良山があり、日田街道はその麓の府中町を起点とする。

府中を発して東に進むと、街道は追《おい》分《わけ》で山辺道と中道に分岐する。

草野は山辺道沿いに発達した在方町《ざいかたまち》である。草野町の成立時期については、判然としないが、田中吉政の治世下における街道整備以降の町建てであると推測される。

草野町周辺は中世、草野氏の本拠地であった。肥前国高木氏一族の永経《ながつね》は、長寛二（一一六四）年にこの地に入り、地名をとり草野氏を名乗った。鎌倉期に入ると草野永平《ながひら》が筑後国在国司、押《おう》領使《りょうし》を務め、勢力を伸張する。この当時草野氏は、吉木に竹井城を構えて統治を進め、若宮八幡宮や千光寺、祇園社、善導寺などを創建した。その後の動乱期を去就を巧みに変えながら、また、本拠を発心《ほっしん》城に移し、勢力を維持し続けた草野氏であったが、最後は豊臣秀吉配下の蜂須賀《はちすか》家政《いえまさ》によって、肥後南関に誘殺され、その歴史に終止符を打つ。

耳納北麓には草野氏ゆかりの歴史遺産が数多く見られ、本拠であった草野にも、その面影が色濃く残る。

草野町は東に小さな枡形《ますがた》、西に大きな枡形を配置し、その間に上町・中町

耳納山地と草野町遠景

（上から）草野歴史資料館（旧草野銀行本店）／鹿毛家住宅／草野町西側の枡形。枡形は外敵が一気に侵入できないよう二度直角に曲がる道／山辺道文化館（旧中野病院）

・新町の町場が整備された。

JR筑後草野駅から、県道を西に進むと、発心川を渡った所に町の東側を区切る小枡形が見られ、右手に専念寺、左手に須佐能袁《すさのお》神社が所在する。専念寺は寺伝によれば元久元（一二〇四）年の開基とされ、本堂は近年改修されたが、弘化－嘉永年間（一八四四－五四）の建築は保護されており、内部の見事な彩色や装飾などが大切に残されている。また、本尊の木造阿弥陀如来立像は国の重要文化財であり、鎌倉時代の作とされる。

須佐能袁神社は、草野永平が建久八（一一九七）年に勧請《かんじょう》したと伝わる。現在の社殿は明治十九（一八八六）年竣工で、県指定文化財の本殿・拝殿・楼門は、重厚であるとともに、各所に繊細な彫刻が施されており、明治期の草野町の隆盛を示す象徴的な建物である。

さらに西に進むと左手に国登録有形文化財の草野歴史資料館（旧草野銀行本店）が見えてくる。明治四十三年に建てられた和洋折衷の建物で、唐草文を表現した鉄柵や、洋風の外観が町並みに変化を与えている。現在は展示施設として活用されており、散策の際はぜひ立ち寄りたい。

街道沿いに広大な敷地をもつ県指定文化財の鹿毛《かげ》家住宅は、醤油醸造や製《せい》蠟《ろう》などを営んでいた商家で、木造本瓦葺き妻入りの大型町家である。十八世紀末頃の建築と見られ、現存町家としては草野で最も古く、町並みの中心部近くに堂々とした佇まいを見せる。

鹿毛家を過ぎると新町に入る。寿本《じゆほん》寺《じ》の山門は、久留米城廃城の際に本丸の水手御門が移されたと伝えられる江

上：高良大社／下：柳坂曽根の櫨並木

戸後期の建築である。

町の西側を区画する枡形は、良好に形状を保っており、往時の街道の面影を今に伝える。枡形を南に入ると、国登録有形文化財の山辺道文化館（旧中野病院）が見えてくる。大正三（一九一四）年に久留米市花畑からこの地に移築されたもので、大型で堂々とした洋館建築であり、内部には各所に繊細な意匠が見られる優美な建物である。

草野には、この他にも多くの歴史的建造物や江戸期の町の区画を残す道や水路が存在しており、耳納北麓の豊かな自然と、歴史を伝える伝統的な町並みが調和した、素朴で味わいのある町である。

周辺の見所

下馬場古墳

国指定史跡・下馬場古墳は草野町吉木に所在する直径四二mの円墳で、石室内に同心円文や三角文、靫《ゆぎ》、舟などを赤と青（灰）の顔料で描く。耳納北麓の装飾古墳は、この他に前畑古墳、寺徳古墳・中原狐塚《なかばるきつねづか》古墳・西館《にしのたて》古墳（国指定史跡・田主丸古墳群）などが知られる。

久留米市世界のつばき館

世界のツバキを収集・展示する施設で、庭園やガラスハウス内に多数のツバキを見ることができる。また、周辺の散策情報などの発信も行っている。

ちょっと足をのばして

高良山

山頂付近に、履中天皇元（四〇〇）年の創建と伝えられる高良大社が鎮座し、本殿・幣殿・拝殿・大鳥居は国の重要文化財に指定されている。古代から信仰の拠点であるとともに、古代山城である高良山神籠石《こうごいし》（国指定史跡）の築造や、南北朝期から戦国期にかけて築かれた中世山城群など、軍事的な拠点としても重要な場所であった。

山内には、神仏習合期の遺構が各所

善導寺。広大な境内に多くの伽藍が建ち並ぶ

モデルコース（所要時間：約４時間）
JR 筑後草野駅［徒歩８分］専念寺・須佐能袁神社［徒歩５分］草野歴史資料館［徒歩２分］鹿毛家住宅［徒歩２分］寿本寺山門［徒歩２分］桝形［徒歩１分］山辺道文化館［徒歩５分］久留米市世界のつばき館［裏通りを散策しつつ駅へ／徒歩25分］JR 筑後草野駅

※山辺道文化館・久留米市世界のつばき館にはレンタサイクルがある

に残り、モウソウキンメイチク林（国指定天然記念物）、祇園山古墳（福岡県指定史跡）など指定文化財も数多い。

また、現在社務所がある高良会館からの眺望は素晴らしく、筑紫平野が一望できる。

■柳坂曽根の櫨《はぜ》並木

福岡県の天然記念物に指定されたこの櫨並木は、久留米藩の殖産興業の名残りである。水路沿いに植えられた約二百本の櫨が、秋には一斉に紅葉し、その見事な景観を求めて多くの観光客が訪れる。

■大本山善導寺

承元二（一二〇八）年、草野氏の援助を受けて、浄土宗二世・聖光上人《しょうこうしょうにん》によって開かれた、長い歴史を持つ名刹である。広々とした境内には堂宇《どうう》が建ち並び、本堂ほか七棟は国の重要文化財の指定を受けている。境内にはこの他にも県指定文化財の経《きょう》蔵《ぞう》や、同じく県指定の天然記念物である大樟や菩提樹など見所も多い。

■田主丸の町並み

日田街道中道《なかみち》往還沿いの在方町。慶長年間（一五九六－一六一五）の町建てとされ、現在でも当時の街道の形状や町割りを良好に残している。町なかを流れる雲雀《ひばり》川に架かる橋には、各所に様々な河童像が置かれており、散策者の目を楽しませてくれる。［丸林］

田主丸の町並み

28 装飾古墳と二つの町並み

うきは市

日岡古墳の奥壁。同心円文など幾何学的な文様が特徴

うきは市は、福岡県南部の筑後地方に位置し、西は久留米市、東は大分県日田市に隣接している。市の北縁には筑後川が西流し、市の南部には屛風山の異名を持つ耳納《みのう》連山が東西に聳えている。市域の約七五%を森林・耕地が占めており、豊かな自然が今も多く残されている。うきはの歴史を遡ると、山間部で旧石器時代の遺跡が、続く縄文時代以降は市内の至る所に人々の生活の痕跡が確認され、古くから開けていた地域として知られている。特筆すべきは、当市は古墳時代後期に、古墳の石室に絵を描く装飾古墳が多くつくられた地域で、七基の装飾古墳があり、すべて国史跡に指定されている。

時代が下り江戸時代に入ると、吉井町では町の中心が現在の吉井町中心部に移動し、周辺の農産物が集まる在郷町と、城下町・久留米と天領・日田を結ぶ街道の宿場町としての機能を併せ持つ町として大いに発展した。また、浮羽町の山間部は、江戸時代中期から開墾が進められ、耕地が飛躍的に拡大し、江戸時代後期には久留米藩が植林政策を始めることにより林業が盛んになり、明治期をピークに、山村集落として大いに賑わった。現在、吉井町には白壁土蔵の町並みが、浮羽町には石垣でつくられた棚田や茅葺き民家が残されており、我が国の歴史や文化を理解する上で欠くことのできない貴重な存在として、「筑後吉井」と「新川田《にいかわた》篭《ごもり》」の二つの地区が国の重要伝統的建造物群保存地区に選定されている。

■日岡《ひのおか》古墳

壁画系の装飾古墳の中で最も古いタイプであるといわれている。赤・青・緑・白色を用い、場所により色を使い分け、石室全面に様々な文様が描かれている。かの岡本太郎が日岡古墳を見て飛び上がって喜んだという逸話が残る。

■屋形《やかた》古墳群

耳納連山北麓に位置し、珍敷塚《めずらしづか》・

珍敷塚古墳の奥壁（上）と塚花塚古墳の石室。うきは市一帯は県内随一の装飾古墳の密集地である

鳥船塚《とりふねづか》・原《はる》・古畑古墳からなる古墳群。装飾壁画がある四基の装飾古墳が直線距離で四三〇ｍの範囲に集中して分布する例は、全国的にも唯一である。

●珍敷塚古墳

描かれている壁画から、考古学上のみならず美術史学上でも著名な古墳。赤・灰色と石の地の色を用い、舳先《へさき》に鳥がとまる船、船を漕ぐ人物、太陽、ヒキガエル（中国では月の象徴の動物）、月、武具などが描かれている。壁画の中で日本古来の思想と、古代中国の思想が融合しており、我が国の古代の芸術生活を知る上で貴重な第一級の資料であるといわれている。

●原古墳

赤一色で、奥壁中央に大型の船、櫂《かい》を操る人物、武具などが描かれている。墳丘は残っており、奥壁部分は一度抜き取られたが、その後戻されて本来の向きとは逆（外向き）に置かれた状態で覆屋の中に保存されている。

●鳥船塚古墳

奥壁のみが残され、赤一色で舳先と船尾に鳥がとまる船、太陽、武具などが描かれている。

●古畑古墳

屋形古墳群中唯一、墳丘・石室が残る。墳裾に列石が巡らされ、円筒埴輪《えんとうはにわ》などが並んでいた。奥壁と側壁の一部に赤一色で同心円文、人物などが描かれている。

■楠名《くすみょう》古墳

装飾は持たないが、前室が後室よりも大きい特異な石室を持つ。七世紀初頭の、うきは市で一番最後につくられたといわれる円墳。

■重定《しげさだ》古墳

巨大な安山岩でつくられた全長一八ｍもある横穴式石室の側壁に、赤・緑色を用い、同心円文、蕨手文《わらびてもん》、武具などが描かれている。墳丘の全長は推定九五ｍの前方後円墳。江戸時代の学者が、この文様を神代文字ではないかと解釈した。

■塚花塚《つかはなづか》古墳

複室の横穴式石室を持つ円墳で、奥壁と両側壁の一部に、赤・緑色を用い、同心円文、類例がない長大な蕨手文などが描かれている。

筑後吉井の町並み

江戸時代の寛文四（一六六四）年に始まった、筑後川から取水する大石・長野水道の開鑿《かいさく》により、市内には東西に走る二つの農業用水路（北新川・南新川）がつくられた。吉井の町では、その水路に水車をつくって動力源として利用し、酒・油・櫨蠟《はぜろう》などの商品作物を加工する産業が起きた。吉井の商人たちは、「吉井銀《よしいがね》」という独自の金融活動も行い、莫大な富を得るようになった。そして、三度の大火を契機に、自らの資力を誇示するかのごとく、「居蔵屋《いぐらや》」と称される贅《ぜい》を尽くした瓦葺き土蔵造りの商家を建てるようになった。大正時代の最盛期には居蔵屋が建ち並び、現在の国道二一〇号線沿いに汽車（筑後軌道）も通っていた。やがて、経済活動は衰退し、地域経済の拠点としての役割も失われたが、昭和五十九年頃から、町家の保存運動が起こり、平成八年に約二五haが重要伝統的建造物群保存地区として選定された。

選定から二十年を迎えるが、地区内には二五〇棟余りの伝統的建造物が残っており、毎年数棟ずつ家屋の修理・修景が行われ、町並みの整備が進められている。町なかには、老舗醤油店や、和菓子・雑貨・骨董品店など個性豊かな店が軒を連ねており、白壁土蔵の町並みを散策することができる。また、三月の「おひなさまめぐり」や五月のゴールデンウィークの「小さな美術館めぐり」など、古い町並みを生かしたイベントが開催されている

筑後吉井の町並み

新川田篭の山村集落

新川田篭地区は、標高三五〇mから八〇〇mの起伏に富んだ山間部にあり、筑後川の支流である隈上《くまのうえ》川の水系に沿って集落と棚田が形成されている。江戸時代から農業振興が進められ、複雑な地形につくられた水田に水を引くため、山腹の等高線に沿って水平に長水路を引く灌漑《かんがい》システム（イデ）が築かれた。中には二㎞を超えるイデもあり、竹樋《たけどい》などによって各水田に確実に配水された。近代になると林業が発展し、棚田や畑にも植林されるようになり、土地の大部分が森林へと変わっていき、現在に至っている。

新川田篭の町並み

この地区の最大の特徴は「民家や棚田がつくり出す里山の風景」で、かつては全国各地にあった日本の原風景を見ることができる。現在はほとんどがトタンで覆われているが、江戸時代から昭和前期までの茅葺き民家が良好に残されており、一六七棟が伝統的建造物（建築物）として登録されている。

また、この景観は人々の生活と生業とともに現在も維持されており、うきは市は国の重要文化的景観選定も視野に入れ、この地区の整備に取り組んでいる。

周辺の見所

居蔵《いぐら》の館

精蠟業で財を成した豪商の家で、明治初期に建てられ、大正期に改築された。現在では見ることができない太い柱を用いた豪壮な造りに、往時の繁栄ぶりが偲ばれる。

鏡田《かがみだ》屋敷

吉井地区内に唯一残る屋敷型の建造物で、幕末に郡役所の官舎として建てられ、明治中期に増築された二階から、雄大な耳納連山の景色を眺めることができる。

金子文夫資料展示館

郷土史家で、福岡県の考古学界の先駆者的存在でもある故金子文夫氏の、数十万点にも及ぶコレクションを収蔵・展示している。随時展示替えを行っており、収集された貴重な民俗資料などを見学することができる。そのコレクションの多彩ぶりから、市立でありながら資料館に個人名がつけられてい

上：居蔵の館。一般公開されており
内部を見学できる／下：鏡田屋敷

る。

■平川家住宅

新川田篭重要伝統的建造物群保存地区内にあり、江戸時代中期に建てられた、福岡県で最初に重要文化財指定となった民家。三つの棟が並んだ独特の美しい外観で知られている。

■葛篭《つづら》棚田

農水省の「日本棚田百選」に選ばれている。約一五〇mある高低差に大小様々な大きさの三百枚もの田が集合し、壮大な棚田景観を形成している。

■野外円形劇場

道の駅「うきは」にある、大正十四(一九二五)年につくられた野外の円形劇場。平成二十七年に道の駅の整備に先行して実施された発掘調査により、その姿が明らかになった。この劇場をつくった「嫩葉会《わかば》」は、医師・安元知之のもとに集まった青年たちが、自らの修養と娯楽を求めて結成した日本初ともいわれる農民劇団で、東京で流行った歌が地方に伝わるのに一年かかるといわれた時代に、当時の最先端の戯曲やオリジナル作品を上演した。

活動期間はわずか四年間と短いものであったが、うきはだけではなく、久留米や日田でも公演を行った。さらには演劇活動のみならず音楽会や駅伝大会なども開催し、筑紫平野を一望する開放的な場所に、地元・山春《やまはる》村の有志とともにこの円形劇場をつくった。

現在、うきは市は整備に向けて検討している。

[江島]

上：平川家住宅／中：葛篭棚田／
下：野外円形劇場（発掘調査時）

モデルコース 1 ：古墳満喫コース（所要時間：約 4 時間）
大分道朝倉 IC［車15分］うきは市立吉井歴史民俗資料館［車 5 分］日岡古墳［徒歩 3 分］月岡古墳［車 8 分］珍敷塚古墳［車10分］うきは市立浮羽歴史民俗資料館［徒歩 8 分］楠名古墳［徒歩 3 分］重定古墳［徒歩10分］塚花塚古墳［車10分］大分道杷木 IC

モデルコース 2 ：白壁散策コース（所要時間：約 2 時間30分）
JR 筑後吉井駅［徒歩10分］筑後吉井の町並み散策 ── 居蔵の館［徒歩 3 分］鏡田屋敷［徒歩 5 分］町並み交流館「商家」［徒歩10分］JR 筑後吉井駅

モデルコース 3 ：浮羽町満喫コース（所要時間：約 3 時間）
大分道杷木 IC［車10分］うきは市立浮羽歴史民俗資料館［車30分］葛篭棚田［車15分］平川家住宅［車30分］道の駅うきは（野外円形劇場跡）［車10分］大分道杷木 IC

29 筑後川が育んだ文化と産業

久留米市・大川市・筑後市・大木町

■城島の酒蔵と瓦

筑後川下流左岸の久留米市城島で、延享二（一七四五）年に「花《はな》の露《つゆ》」、嘉永三（一八五〇）年に「有薫《ゆうくん》」の酒づくりが始まった。筑後川の良質な水と筑後米、そして水運に恵まれていたからである。明治二十八（一八九五）年に「比翼鶴《ひよくつる》」、同三十年には「筑紫の誉《ほまれ》」が創業。毎年二月中旬、それぞれの蔵元には杉玉が吊され、「町民の森」を主会場に「城島酒蔵びらき」が開催され賑わう。

城島瓦の起源は、元和六（一六二〇）年、丹波福知山《たんばふくちやま》城主・有馬豊氏《とようじ》が上筑後八郡二十一万六千石を拝領し、久留米藩を成立させた時にある。久留米城の修築・拡張にあたり、城島に良質の粘土が豊富にあったため多くの瓦《かわら》師《し》たちを丹波から呼び寄せ、この地で瓦の製造を始めさせた。江戸時代、瓦の製造は主として下級武士に許された仕事であったが、廃藩置県後、住文化の変化とともに瓦の製造に従事する者が増え、隆盛を極めた大正期には城島で一二〇の業者が瓦をつくり、船で九州をはじめ朝鮮半島へも移出していたという。城島瓦の魅力は、「白冴え《しろばえ》」と呼ばれる明るいいぶし色である。最近の住空間の変化で瓦の需要が激減し、現在、城島瓦の製造元は六軒である。しかし、伝統的な屋根瓦のほか、壁瓦・敷瓦《しきがわら》・塀瓦《へいがわら》などの特殊瓦やデザイン瓦を開発し、「瓦」という日本の伝統美を継承している。

酒蔵のある城島の町並み

■小保《こぼ》・榎津《えのきづ》の町並み

大川市の小保と榎津には、肥後街道沿いに形成された江戸時代の町並みが現在も残っている。小保が柳川藩、榎津が久留米藩で、二つの町の間には、御境江湖《おさかいえご》（現在の下水路）と御境石（藩境の列石）で境界線が設定されていた。

●旧吉原家住宅

吉原家は、代々柳川藩小保町の別当《べっとう》職を務め、後には蒲池《かまち》組の大庄屋を務めている。吉原家住宅は、幕府役人の宿泊や柳川藩の公用にも利用された。主屋《おもや》は文政八（一八二五）年に建築され、天保九年に御成門《おなりもん》などが増改築された。国指定重要文化財である。

●高橋家住宅

高橋家所蔵の『高橋家歴代記』（明治三十一年撰）によると、寛永元（一六二四）年、初代清右衛門が久留米藩の港町・榎津に移り住み、二代目四郎兵衛が寛永年中（一六二四－四四）に酒造業を始めたという。宝永八（一七一一）年、四代目清右衛門が「庄分《しょうぶん》酢《す》」をつくり始めた。現在もその伝統的な製法を守り、素材を活かしたコクのある食酢や、食卓に深い味わいを添える調味酢、酢のドリンクなどを醸造している。

■旧清力《せいりき》酒造株式会社

明治四十一年、大川市鐘ケ江《かねがえ》に清力酒造株式会社の事務所が竣工した。施主は初代社長・中村綱次、棟梁は地元の筬島傳太郎《おさしまでんたろう》。木造二階建ての白板壁洋風建築で、屋根は寄棟《よせむね》造り、当初は瓦葺きであった。二階の広間は、昭和三十年から同六十一年にかけて清力美術館として公開された。その後、平成十三年六月より大川市立清力美術館として開館した。久留米藩御用絵師・三谷有信《ありのぶ》らの画稿や「江戸勤番絵巻」、溝江勘二「水郷」、清力コレクションなどが展示されている。

上：旧吉原家住宅／中：高橋家住宅／下：御境石

旧清力酒造株式会社

周辺の見所

■大善寺玉垂宮《だいぜんじたまたれぐう》

平安時代の神仏混淆《こんこう》に際し、白鳳年間（七世紀後半）、僧・安泰《あんたい》は高良玉垂宮の神宮寺として高法寺を開基した。その後、弘仁五（八一四）年、三池郡司・師直《もろなお》が修築して大善寺と改称したという。

毎年正月七日夜、当宮で「鬼夜《おによ》」という勇壮な火祭りが奉納される。褌《ふんどし》姿の大勢の氏子たちが六連の大松明《おおたいまつ》をかついで境内を駆け回り、夜空を焦がし、五穀豊穣・家内安全を祈る日本三大火祭りの一つである。

■筑後川昇開橋《しょうかいきょう》

昭和十年、筑後川昇開橋（全長五〇七・二m）が完成し、長崎本線佐賀駅と鹿児島本線矢部川駅（のちの瀬高駅）を結ぶ国鉄佐賀線（二四㎞）が全線開通した。当時は船が主な輸送機関であり、筑後川の河口域には近くに若津港があるため、大型船の往来も多かった。有明海の干満差は六mと大きく、普通の橋では通れないこともあった。そのため、筑後川の橋梁《きょうりょう》は、橋脚と橋脚の間を二六mとし、大型船が通る時、橋の中央部二四・二mの鉄橋を二三m持ち上げることができる可動橋（昇開橋）にした。完成時は、「東洋一の可動式鉄橋」といわれた。しかし、自動車の普及で乗客が減り、輸送手段も鉄道からトラックへ変わり、昭和六十二年、佐賀線は廃止された。筑後川昇開橋は、橋桁《はしげた》の一部が垂直に上下する橋として日本に現存する最古のものである。平成十五年、国指定重要文化財に、また同十九年には日本機械学会から機械遺産にも認定された。

■風浪宮《ふうろうぐう》

大川地方で「お風浪《ふろう》さん」と呼ばれ親しまれている風浪宮は、海の神、船の守り神、船乗りや船大工の神として篤く信仰されている。社伝によると、

大善寺玉垂宮の鬼夜（木下陽一氏撮影）

新羅《しらぎ》出兵の帰途、神功皇后の舷《ふなばた》から飛び立った白鷺《しらさぎ》がとまった楠のある聖地に安曇磯良丸《あずみいそらまる》が社殿を建てたのが起源という。現在の本殿（重要文化財）は、永禄三（一五六〇）年、領主・蒲池鑑《あき》盛《もり》の再建によるものである。筑後三大祭りの一つとして知られる風浪宮の例大祭は、毎年一月二十九日から三日間行われ、しめこみに鉢巻姿の大人や子どもの男性、白襦袢《しろじゅばん》姿の女性が松明をかざし沿道をひた走る「裸ん行《はだかぎょう》」や勇壮な流鏑馬《やぶさめ》で賑わう。

上：筑後川昇開橋／下：風浪宮拝殿

デ・レーケ導流堤《どうりゅうてい》

宝暦元（一七五一）年、久留米藩は筑後川の河口域に若津港（大川市）をつくった。天領日田の年貢米や物資は、若津港で川舟から海船に積み替えられた。明治期になると、若津港には尼崎《あまがさき》汽船や大阪商船などの船が入港して賑わった。しかし、河口に土砂が堆積して水深が浅くなり、船舶の大型化に伴って運航に支障をきたした。そこで、明治政府は、日本の近代化のために土木の専門家として招《しょう》聘《へい》していたオランダ人技師ヨハネス・デ・レーケを派遣し、筑後川を調査させた。デ・レーケの指導のもとに、石黒五十二《いそじ》を中心に日本人の技術者たちが筑後川の改修工事に着手した。筑後川河口域の中央に長さ六・五km、幅一一mの導流堤を築くことによって川幅を半分にして水の流れを速くし、それにより土砂が堆積しないため水深が保たれ、大型船の運航が可能になった。明治二十三年に完成したデ・レーケ導流堤は、現在も船舶の航路を確保するための港湾施設として活躍している。平成二一年、社団法

デ・レーケ導流堤。新田大橋から見るのがお勧め

人土木学会の「選奨土木遺産」に認定された。

■エツ料理

銀白色に輝くカタクチイワシ科の魚にエツという幻の魚がいる。川岸の葦《あし》が芽を伸ばしてくる五月から七月にかけて有明海から筑後川へ上ってくる。全国でもここにしかいない筑後川の珍魚である。

その昔、筑後川の渡しにみすぼらしい姿の修行僧（弘法大師）がやってきた。渡し賃がなく、川岸に佇んでいると、一人の若者が船を着け、向こう岸まで渡してくれた。その僧は、お礼に川岸の葦の葉を一枚取って川に流した。葦の葉は魚（エツ）となって銀のうろこを輝かせ水中に消えた、という。刺身や塩焼き、煮付けなどのエツ料理は、筑後川に浮かぶ屋形船や料理店で味わうことができる。

上：水田天満宮／下：恋木神社

ちょっと足をのばして

■水田天満宮

JR羽犬塚駅から南東へおよそ一・三kmの森の中に水田天満宮がある。嘉禄二（一二二六）年、後堀河天皇の勅願により、菅原道真の子孫・菅原為長《ためなが》がこの地（太宰府天満宮領水田荘）に建立した。本殿は、柿葺《こけらぶ》き流造《ながれづく》りで、正面は唐破風《からはふ》向拝《こうはい》と千鳥《ちどり》破風である。鳥居は肥前型鳥居で、慶長十九（一六一四）年、筑後国主・田中忠政が建立し、安永七（一七七八）年に再興された。本殿の裏庭に、慶長十五年四月二十五日、肥前の長安が寄進した狛犬一対がある。素朴で、ユニークな形相をしており、制作年代のわかる貴重な作品である。

■恋木《こいのき》神社

学問の神様・菅原道真を祭神とする水田天満宮の境内には、本社のほか、末社として日吉、八幡、稲荷、月読《つきよみ》、屋須田《やすだ》神社など二十社が祀られている。このうち恋木神社は、全国で唯一「恋《こいの》命《みこと》を祀る社で、「良縁成就の神様」「幸福の神様」として若者たちに篤く信仰されている。

■船小屋温泉

船小屋は、矢部川中流の景勝地にあり、江戸期には柳川藩の土木用船の格納庫が置かれた。文政七（一八二四）

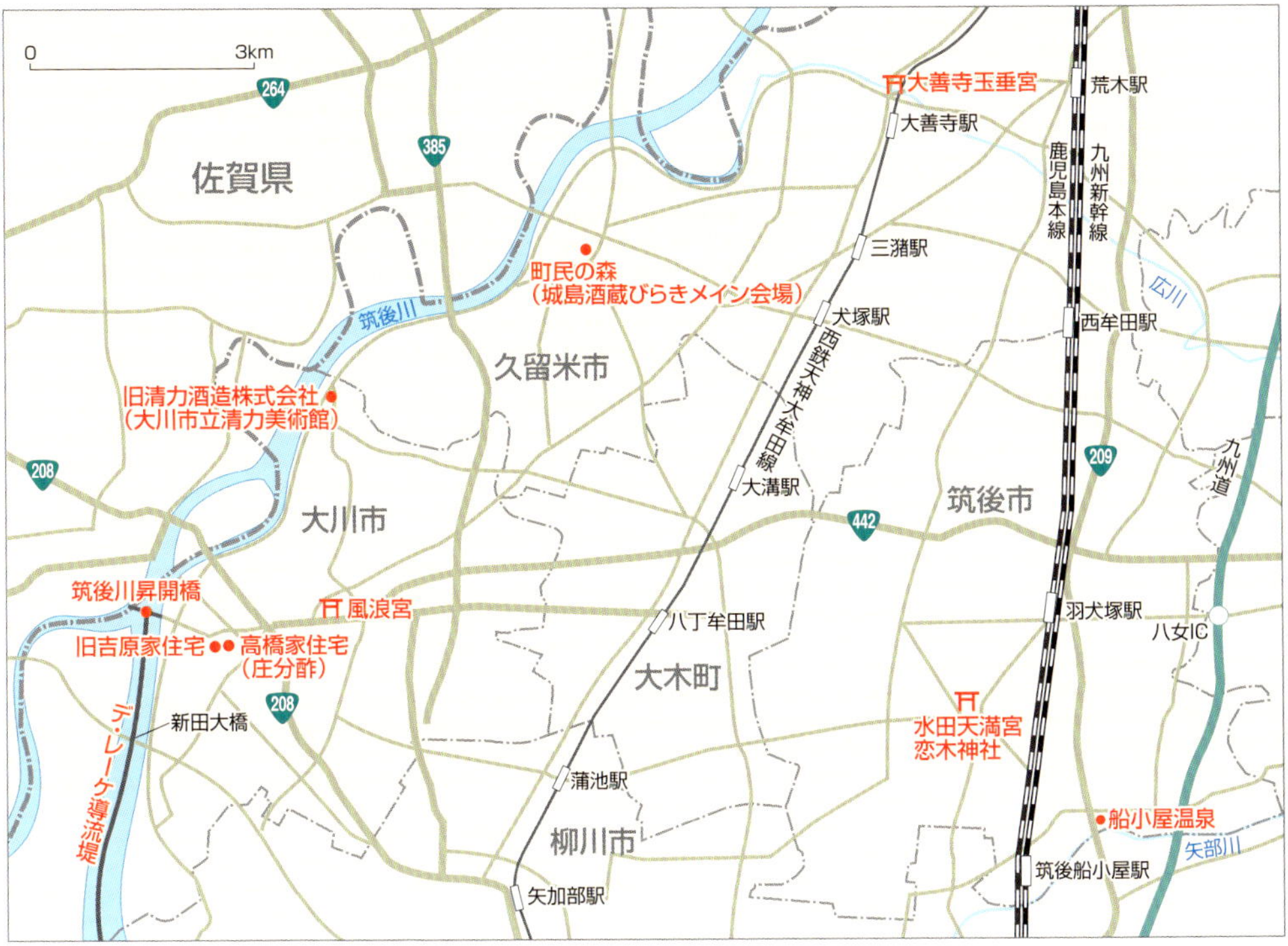

モデルコース（所要時間：約４時間）
西鉄大善寺駅［車３分］大善寺玉垂宮［車20分］城島の酒蔵［車20分］旧清力酒造株式会社［車15分］風浪宮［車10分］高橋家住宅［車１分］御境石［車１分］旧吉原家住宅［車10分］エツ料理店［車５分］筑後川昇開橋［車10分］デ・レーケ導流堤［車20分］西鉄柳川駅

年に鉱泉井戸が掘られ、慶応年間（一八六五―六八）には湯治宿《とうじやど》が次第にできていった。大正三（一九一四）年には湯治客を迎える宿泊施設も二十軒近くに増え、戦後は近代的旅館が建ち並び賑わった。現在、船小屋の旅館は六軒であるが、九州新幹線の新船小屋駅、芸術・文化交流施設の九州芸文館、ソフトバンクホークスの練習場施設の建設などに伴い、賑わいを取り戻すことだろう。［半田］

矢部川沿いの景勝地にある船小屋温泉

岩戸山古墳以東の八女古墳群（八女市教育委員会提供）

30 八女の古墳めぐり

八女市・広川町・筑後市・久留米市

■全国屈指の大古墳群・八女古墳群

八女古墳群は福岡県の南部地域に所在し、八女市と隣接する広川町・筑後市に広がる、総数三百基を超える国内有数の大古墳群である。

古墳群が所在する八女丘陵は東西約一〇kmにも及ぶ細長い丘陵地で、弥生時代終末期—古墳時代初期から造墓活動が開始されており、主体部に甕棺や石棺を有する方形周溝墓《ほうけいしゅうこうぼ》の築造が確認されている。

四世紀代には目立った造墓活動を見せなかったが、五世紀に入ると八女丘陵上に突如一〇〇mを超える大型の前方後円墳が出現する。広川町・筑後市にまたがる墳丘長一〇七mの石人山《せきじんさん》古墳である。

『日本書紀』や『古事記』に記され、古代史上最大の内乱といわれる「磐井《いわい》の乱」を主導した筑紫君《つくしのきみ》磐井の祖父とも考えられる人物が被葬者であり、初代筑紫君の可能性が高い。この石人山古墳の築造を機に、五世紀前半から六世紀後半までの間、全長が一〇〇mを超える大型の前方後円墳や、直径が三〇m前後の大型円墳が次々に築造されるようになり、一部識者の間では「王家の丘」とも呼ばれる、筑紫君一族の奥津城《おくつき》である八女古墳群が形成された。

■八女古墳群内の主要な古墳

石人山古墳は五世紀前半—中頃に築造された墳丘長一〇七mにも及ぶ大型の前方後円墳である。

前方部二段、後円部は三段につくられており、各段法面《のりめん》には葺石《ふきいし》が貼られている。後円部にある内部主体には古式の横穴式石室が採用され、内部には浮彫り彫刻により円文や直弧文《ちょっこもん》が表現された横口式家形石棺が安置されており、初現期の装飾古墳としても名高い。

また、後円部と前方部の境には武装石人が立っており、現在も石人山古墳の被葬者を守護している。

弘化谷《こうかだに》古墳は六世紀前半頃に築造された墳丘直径が三九mの大型円墳で、墳丘外側には周堤も存在し、周堤を含む外径は約五五mを測る。

二段築成で、葺石は確認されていない。石室内には熊本県北部に多く見られる「石屋形《いしやかた》」と呼ばれる埋葬施設があり、その奥壁や側壁には円文や三角文などの幾何学文様のほか、全国に数例しかない双脚輪状文《そうきゃくりんじょうもん》が描かれている。

現在、広川町教育委員会によって、春と秋の二回、石室内部の公開が行われている。

欠塚《かげつか》古墳は五世紀後半に築造された推定全長五八m、墳丘長四五mの前方後円墳。西側くびれ部に三角形状の造り出しを有している。

八女古墳群では石人山古墳と岩戸山古墳の間である五世紀後半頃の古墳の在り方が不明確となっているが、欠塚古墳の存在は、その答えを導くヒントを与えてくれる。

岩戸山古墳は六世紀前半に築造された北部九州最大の前方後円墳。周堤を含めた全長一七〇m以上、墳丘長約一三五mを測る。二段築成だが葺石は二段目の法面にのみ貼られている。盾形周濠を有し、その外側には周堤が現在も遺存している。また、周堤の外縁部には四三m四方の「別区」があり、多種多様な石製表飾品（通称「石人・石馬」）が樹立していたと伝えられている。墳丘上や周堤上からも出土しており、現在までに破片も含め百点以上が確認されている。通常、古墳一基あたり多くても十点程度の出土数といわれるが、本墳の保有数は他古墳を圧倒しており、磐井の政治権力の絶対性を推測させる。

弘化谷古墳（吉村靖徳氏撮影）

岩戸山古墳は『筑後国風土記』逸文に記載された内容から、磐井が生前に築造した寿墓《じゅぼ》であると考えられており、築造年代と築造者が文献史上からも追認できる極めて貴重な古墳として重要視されている。

乗場《のりば》古墳は六世紀中頃に築造された墳丘長約七〇mの前方後円墳。過去には周濠・周堤が存在していたと伝えられているが、現在は失われている。

二段築成で、後円部南側のくびれ部付近には複室構造の横穴式石室があり、石室内部の奥壁や側壁などには赤・青・黄色を用いた同心円文や連続三角文、蕨手文《わらびてもん》が描かれており、壁画系の装飾古墳として有名である。

現在、石室内部については壁画保存の観点から公開されていない。

善蔵塚《ぜんぞうづか》古墳は六世紀中頃に築造された墳丘長約九〇mの大型前方後円墳。周濠は存在していると思われるが、周堤については定かでない。

岩戸山古墳（吉村靖徳氏撮影）

二段築成で、葺石が貼られる。内部主体は後円部南側のくびれ部付近にあるが、後世に石材が抜き取られ、陥没した部分に流入土が堆積し、現在は内部の様子を窺い知ることができない。

八女古墳群中では三番目の規模を誇り、被葬者は筑紫君直系の人物と思われる。

丸山塚古墳は六世紀後半頃に築造された墳丘直径が三三mの大型円墳。かつては周濠・周堤が存在していたと伝えられている。

二段築成と考えられるが、葺石は確認されていない。墳丘中央付近に複室の横穴式石室が確認され、石室内には奥壁や側壁、袖石に赤・黄・緑色を用いた三角文などの幾何学文様のほか蕨手文が描かれていた。

発掘調査後は埋め戻され、現在内部を見ることはできない。

鶴見山古墳は六世紀中頃に築造された全長約一〇四m、墳丘長八七・五mを測る大型前方後円墳である。盾形の周濠が巡るが、周堤については明確ではない。

二段築成で、葺石の存在が想定される。内部主体は後円部南側のくびれ部付近に位置しているが、善蔵塚古墳同様、後世に石材の抜き取りがあり、その後の流入土により近年まで内部の様子を詳細に窺い知ることはできなかった。しかし、平成十五－十六年度に実施した発掘調査により、大型石材を腰石《こしいし》とし、厚みのある割石《わりいし》を積み上げた横穴式石室であることが判明。左側の側壁には巨大な角閃石《かくせんせき》安山岩の一枚岩が用いられている。また、平成十七年度に前方部前面を調査したところ、周濠内からほぼ完全な姿の武装石人が一体仰向けの状態で出土した。磐井の乱以後に築造されたと見られる古墳から大型の武装石人が出土したことは、こ

鶴見山古墳から出土した武装石人。この石人には筑紫君一族の謎が隠されていた（八女市教育委員会提供）

れまで定説化していた「乱後の衰退」との考え方に一石を投じ、磐井の乱以後においても筑紫君一族の影響力は保持されていたことを示している。

鶴見山古墳は八女古墳群中で四番目の規模ではあるが、武装石人の出土や墳丘規模を考慮すると、やはり筑紫君本宗家の人物が葬られるに相応しい古墳といえる。

童男山《どうなんざん》古墳は六世紀後半頃に築造された墳丘直径約四八m前後の大型円墳。二段築成と考えられるが、葺石は確認されていない。

童男山古墳最大の特徴は、その巨大な石室にある。複室構造の横穴式石室で、使用されている石材はいずれも他古墳を圧倒する規模である。中でも右側側壁は巨大な角閃石安山岩であり、使用形態や材質が鶴見山古墳の左側側壁と共通している。奥壁に平行して凝《ぎょう》灰岩《かいがん》製の石屋形が設置され、内部には凝灰岩製の刳抜《くりぬき》式石棺が安置されている。また、両側壁に平行し二基の石棺も安置されており、三基の石棺は「コの字」形に配置されており、この状況は現在の熊本県山鹿地方に多く見られ、石屋形も同様の分布状況を見る。これらの事実から本古墳の被葬者は熊本県北部との縁故の深い人物が想定されるが、右側側壁の巨大石材使用の類似性から見れば筑紫君本宗家との関連性も垣間見え、『日本書紀』欽明天皇十七（五五六）年一月の条に見られる「筑紫火君」との関係が推定できる。

童男山古墳の石屋形。右側側壁は角閃石の一枚岩（八女市教育委員会提供）

周辺の見所

■浦山古墳

久留米市上津町に所在する全長六〇mの帆立貝式前方後円墳。複室の横穴式石室内には凝灰岩製の横口式家形石棺があり、内部には彫刻による直弧文や同心円文が見られ、全面を赤色顔料で塗布している。須恵器《すえき》や金環《きんかん》、勾玉《まがたま》、甲冑《かっちゅう》破片があったようだが、現在は所在不明となっている。石室・石棺の状況から五世紀後半に築造されたと推定されている。

古墳は成田山新勝寺久留米分院の敷地内にあり、見学の際は本堂で申し込むと鍵を借りることができる。近くには広々とした浦山公園も整備されており、家族連れで楽しめるエリアとなっている。

御塚《おんつか》・権現塚《ごんげんづか》古墳

西鉄大善寺駅前から線路沿いに一・二km北上すると、道路沿いに大きな古墳が二基現れる。

御塚古墳は全長七〇mの帆立貝式前方後円墳で、九州内では珍しい三重の周濠を有しており、周濠を含めた全長は約一二〇mとなる。隣接する県道や鉄道により前方部が削平されているものの、近年の整備事業により見応えのある古墳となっている。

権現塚古墳は御塚の北側に隣接する墳丘直径約五〇mの円墳で、二重の周濠《ほり》を有している。出土品に須恵器や土師器《じき》、埴輪類があるが、中には新羅《しらぎ》土器の破片が見られ、両古墳は宗像地域の勢力（胸肩君《むなかたのきみ》）と連携し、海上交通を得意とした海洋氏族である「水《み》沼君《ぬまのきみ》」の墳墓と考えられる。

かつては北方に銚子塚《ちょうしづか》古墳と呼ばれる前方後円墳が存在していたと伝えられており、まさに御塚・権現塚古墳を含む当該地区は水沼君の奥津城であったのであろう。

上：浦山古墳の石室内にある家形石棺（成田山新勝寺）／下：浦山公園入り口。国道３号線沿いにある

八女市岩戸山歴史文化交流館（愛称「いわいの郷」）

平成二十七年十一月に開館した新施設。筑紫君磐井と八女古墳群をメインテーマに置き、重要文化財の石人・石馬を中心とした八女古墳群や市内の遺跡群から出土した遺物を展示している。

郷土の英雄「磐井」を再考し、先人の

御塚古墳（左）と権現塚古墳（右）。左側に西鉄天神大牟田線が走る（吉村靖徳氏撮影）

モデルコース（所要時間：約4時間）
JR西牟田駅［車7分］石人山古墳・弘化谷古墳［徒歩3分］広川町古墳公園資料館［車10分］岩戸山歴史文化交流館［徒歩2分］岩戸山古墳［徒歩10分］乗場古墳［車3分］丸山塚古墳［車3分］鶴見山古墳［車15分］童男山古墳群［車30分］JR羽犬塚駅

足跡を辿りながら郷土愛の熟成を図ることを目的としている。

勾玉づくりなどの各種体験事業も充実させており、観光情報の発信とあわせ、地域や世代間を越えた交流促進を目指している。

国史跡の岩戸山古墳に隣接しており、広々とした史跡地は週末になると家族連れで賑わっている。

■広川町古墳公園資料館（愛称「こふんピア広川」）

石人山古墳に隣接した町立の歴史資料館。考古学だけでなく、文献史から見た家形石棺や武装石人の詳しい説明や、弘化谷古墳の石室壁画のレプリカ模型の展示がある。また、町内の古墳群から出土した宝飾品を含む数々の遺物も展示されており、広川町だけでなく八女・筑後地域の古墳文化を知る上で大変重要な施設となっている。

［大塚］

31 奥八女の細道へ

八女市

我が国の著名な歴史胎動の変革期に登場してきた「八女」。その道標となる身近な歴史・文化遺産を巡礼する〝奥八女の細道〟へとご案内する。

妻入りで大壁の表構えを見せる八女福島の町並み（東宮野町）

■八女福島の町並み

八女福島は、天正十五（一五八七）年、上妻《こうづま》郡に封じられた筑紫広門《ひろかど》の福島城築城を契機に、慶長六（一六〇一）年、筑後国守・田中吉政が柳川城に拠《よ》り、三男・久兵衛康政を配し三重堀を巡らす総郭《そうぐるわ》の城郭を普請した。町並みは、中堀と外堀間の南半に往還道《おうかんどう》を通し、本丸から均等に町家を配したヨコ町型のプランを特徴とする。久留米藩・有馬氏の治世下では、町場《まちば》は福島町と称し、近在の豊富な山産物や海産物が取引された。十九世紀以降は、茶、和紙、提灯、仏壇などを製造する手工業が成立し、藩内五カ町で最大の町場の形成を見た。筑後国では中世期まで高良《こうら》大社が恵比須を祀り商行為を司ったが、戦国時代以降、国人など在地領主がこれら権益と町建てまで掌握し、当地では筑紫広門が、肥前田代から市神《いちがみ》である祇園社を勧請《かんじょう》した。

往時は、東半に主に茶・紙を扱う商家型町家、西半では提灯・仏壇を扱う職人型町家が分布を見た。商家型町家は、妻入り・入母屋《いりもや》造りを基本に正面と両袖に下屋庇《げやびさし》を架ける。現存する最古の町家は今里家住宅（房屋）があり、天保九（一八三八）年の年紀と、住居と土蔵の用途を備える建築様式である「居蔵《いぐら》」の始まりが墨書される。

八女福島は、江戸初期に成立した城下の町場を起源に、山辺と海辺のクロ

セレクトショップ「うなぎの寝床」。町家を活用した店内には九州・筑後の伝統工芸品や和風モダンの逸品が並ぶ

スロードとして紺屋町、宮野町、京町、古松町、矢原町の全域が往時の地割をよく留め、平成十四年、国の重要伝統的建造物群保存地区に選定された。公開施設に旧木下家住宅（堺屋）、八女市横町町家交流館があり、伝統工芸の粋は八女伝統工芸館、八女手すき和紙資料館、八女民俗資料館に集大成され、諸職の実演も見逃せない。

八女福島の燈籠《とうろう》人形

毎年、秋分の日を含む放生会《ほうじょうえ》に奉納される福島八幡宮の燈籠人形は、延享元（一七四四）年の創始と伝えられる。からくりを駆使した操りは、浄瑠璃作者・福松藤助（松延甚左衛門）の尽力により現在の形に改良された。舞台は、人形方、囃子《はやし》方、狂言方、衣装方の総勢四十名が屋台の各持ち場で分担する。第三層は三味線・太鼓・鼓と地唄が並び、第二層の舞台袖では人形の横遣い、第一層の人形直下の下遣いが息を合わせ人形を操る。特に、人形が太鼓橋を左右に移動する「送り渡し」の妙技は必見で、全国でも唯一無二の仕掛けとして重要である。千秋楽の最終公演では、前面の障子と戸板が開け放たれ、提灯に演者が映える。

上：明治41年築の木下家住宅（離れ座敷）は、折上げ格天井、雲母入り色漆喰仕上げで贅を尽くす／下：八女福島の燈籠人形。千秋楽・最終公演で前面が開け放たれた屋台。囃子方、狂言方、人形方を一望する

黒木の町並み

八女市黒木の町並みは、平安最末期、大隅国から移った黒木氏が、文治二（一一八六）年に築城した猫尾《ねこお》城の城下を起源とする。天正十五年、筑紫広門の支配により下町、次いで慶長年間に田中吉政により、下町から一旦折れ曲がり、中町・上町が町建てされた。元和六（一六二〇）年の国割の後、久留米藩による往還道（豊後別路）が整備され、黒木は八女福島に至る交通の要衝として、茶、楮《こうぞ》皮、堅炭《かたずみ》、竹皮、木材、柑類などが周縁の村々から集散された。

町並みは大壁の町家に青石（緑泥《りょくでい》片岩《へんがん》）を塗り込める意匠も見られ、「居蔵」とともに黒木の特徴を見せる。

身の丈ほどの青石が塗り込められた横溝家住宅（下町）

矢部川には久留米藩側に黒木堰と黒木廻水路の取水口、柳川藩側に三ケ名《さんがみょう》廻水路の吐水口《とすいぐち》が相対し、高度な水利技術を伝えている。明治四十一（一九〇八）年、民俗学者・柳田國男《やなぎたくにお》が当地を訪れ、町並み両脇の小溝に清らかな水が流れ、梅と石榴《ざくろ》が交互に植えられた古風な町との印象を論著に紹介している。町並みは、西は大樟が目印の津江神社から、東は四月に大藤の薫る素盞《すさの》嗚《お》神社まで、廻水路に沿う玉石《たまいし》積みや洗い場、屋敷尻の離れ座敷や醸造蔵が豊かな水辺を醸《かも》している。

上：国指定天然記念物「黒木のフジ」／下：明治前期を代表する村方の大型建築・旧隈本家住宅

黒木は、村方に生まれた在方町《ざいかたまち》として地域固有の歴史的な風致を残しており、平成二十一年、国の重要伝統的建造物群保存地区に選定された。公開施設に旧松木家住宅がある。

旧隈本家住宅（学びの館）

旧隈本家住宅は、明治十六年、初代・隈本儀三郎の建築になり、用水沿いの山裾に巨大な玉石を積んで生垣を巡らせ豪壮な屋敷を構える。邸内には、江碕済《わたる》の私塾・黒木塾で二代・勝三郎（黒木町長）と席を並べた石橋忍月《にんげつ》（森鷗外と「舞姫論争」を展開）の生家を移築した石橋忍月文学資料館を併設し、山本健吉（忍月三男）、やまなみ短歌会創始者・菊池剣、直木賞作家・安部龍太郎、女優・黒木瞳氏の著作も紹介している。

地名の由来でもある「神の窟」（右）と八女津媛神社

神《かみ》の窟《いわや》・八女津媛《やめつひめ》神社

八女の呼称は、『日本書紀』景行天皇十八年七月の条に記され、幾重にも山の端を重ねる山中に女神がまします件《くだり》に「八女津媛」の名が見える。矢部村北矢部神の窟にある岩窟からは雫が滴り落ち、隣り合わせて八女津媛神社が祀られ浮立が伝わっており、氏子と保存会により五年ごとに斎行される。地理的に見る当時の八女は、旧上妻《こうづま》郡及び下妻郡（旧生葉《いくは》郡星野村を除く）を指す。

良成《りょうせい》親王御墓《おんはか》・杣《そま》のふるさと文化館

南北朝時代、後醍醐天皇は南朝再興を図るため「建武の新政」を発し、第十六皇子・懐良《かねなが》親王を征西将軍宮として九州に遣わした。攻防の末、北朝方の九州探題・今川了俊《りょうしゅん》の追討により八女の奥地に退き、後継の後征西将軍・良成親王も奔走したが矢部の地に薨《こう》じ、御墓（大杣《おおそま》公園内）に葬られる。

また、旧矢部中学校校舎が修復され「杣のふるさと文化館」として公開されている。内部は、廃校前の教室を再現しているほか、八女教学の祖・江碕済関係資料、劇作家・栗原一登《かずと》氏（矢部村出身）が提唱した「世界子ども愛樹祭コンクール」で、詩人・椎窓《しいまど》猛《たけし》氏の「愛樹の誓い」に各国から寄せられた歴代の作品が展示され、〝蛍雪《けいせつ》の玉手箱〟は矢部川源流で輝きを放つ。

茶の文化館・星の文化館・星野焼

耳納《みのう》の山際、星野村鹿里《ろくり》には棚田の石積みがあり、九月中旬には畔《あぜ》伝いに彼岸花が稲穂との絶妙のコントラストを見せる。池の山「茶の文化館」では、八女伝統本玉露で「しずく茶」を味わい、お茶の淹《い》れ方や抹茶碾《ひ》き、和菓子づくりが体験できる。ここから坂道を登ると「星の文化館」が天文台を構え、九州最大級の望遠鏡からは満天の小宇宙を観察することができる。

上：良成親王御墓（大杣公園内）／中：茶の文化館／下：星の文化館

一方、元文二（一七三七）年の久留米藩御用窯に始まる星野焼は、茶壺や茶器を製作し、一旦は途絶えたが、昭和四十四年、山本源太氏が本星野に「源太窯」を開窯した。煙突を象る「古陶星野焼展示館」では、作陶家らの作品も陳列される。

上陽ひふみよ橋

皇居二重橋の造営に関わった肥後の石工棟梁・橋本勘五郎は、上陽町北川内に洗玉《せんぎょく》橋を架橋した。通潤《つうじゅん》橋（熊本県上益城郡山都町、国指定重要文化財）の兄弟橋とされ、「鞘石垣《さやいしがき》」と呼ばれる緩やかな曲線で持ち上がる側壁の石積みは見所である。星野川には、上流側から洗玉橋（一連）、寄口《よりぐち》橋（二連）、大瀬《だいぜ》橋（三連）、宮ケ原《みやがはら》橋（四連）が並び、〝ひふみよ橋〟の愛称で親しまれる。なお、市内には四十六基の石橋が確認されている。

二連のアーチが水面に映える寄口橋。
阿蘇山の溶結凝灰岩を加工して建造。
南詰に「ほたると石橋の館」がある

霊巌寺《れいがんじ》

〝八女茶の発祥〟で名を馳せる臨済宗妙心寺派の古刹・霊巌寺は、応永三十（一四二三）年、出羽国学僧・栄林《えいりん》周瑞《しゅうずい》の発願による開基とされ、明国から持参した茶の実を鹿子尾《かごお》村庄屋の遠祖・松尾太郎五郎久家《ひさいえ》に分け与え、製茶技法を授けたと伝えられる。荒行が積まれた壮麗な奇岩を背景に本堂・観音堂が南面して並び建ち、境内の記念館には、経典の版木や茶の古株、釈《しゃ》形《かた》焼や星野焼の古陶が陳列される。

谷川寺《こくせんじ》・松延家住宅・旧大内邸・田崎廣助《たさきひろすけ》美術館

神亀五（七二八）年、行基《ぎょうき》の開基と伝えられる真言宗大覚寺派の古刹・谷川寺では、山門に鎌倉時代造立のユーモラスな仁王像が並び立つ。戦国時代には山頂付近に谷川城が築かれ要害をなした。付近の谷川梅林一帯では、二月中下旬に三万本余りの白梅が咲き競う。兼松には旧道に沿って商家の松延家住宅（国指定重要文化財）がある。白木には日中友好・反戦の政治家で衆議院議員・大内暢三《ちょうぞう》（東亜同文書院院長）の生家・旧大内邸がある。北山は洋画家・田崎廣助（日本芸術院会員、文化勲章受章）を輩出し、立花庁舎に隣接した田崎廣助美術館では代表作が常設展示されている。

八女を愛した芸術家たち

八女を〝東洋のバルビゾン〟と称した画家・坂本繁二郎（久留米市京町出身、文化勲章受章、八女市名誉市民）は、八女の風土に魅入られ居を移して制作に勤しんだ。寿像が建つ八女公園では毎年九月二十三日の「帰居祭《ききょさい》」で遺徳を偲ぶ。旧居やアトリエ跡も残され、八女市立図書館内の坂本繁二郎資料室で遺品などを展示している。また、隣り合わせる文芸評論家・山本健吉（長崎市出身、文化勲章受章）の業績を紹介した山本健吉資料室には、旧蔵書のほか、若くして逝った妻で歌人の石橋秀野の遺作が目を惹く。一方、孤高の画家として知られる髙島野十郎《やじゅうろう》（久留米市東合川出身）は、帝都の戦火を逃れて黒木町田本に身を寄せ、寓居での制作を行った。

［大島］

谷川寺山門の仁王像（吽形）

モデルコース１：極上・八女茶コース（所要時間：約４時間30分）
八女 IC［車50分］茶の文化館［車５分］古陶星野焼展示館［車45分］霊巌寺［車30分］八女中央大茶園［車10分］八女伝統工芸館［車10分］八女 IC

モデルコース２：町並み散策コース（所要時間：約５時間）
八女 IC［車10分］八女福島の町並み（八女伝統工芸館・旧木下家住宅〔堺屋〕・今里家住宅〔房屋〕・横町町家交流館）［車30分］黒木の町並み（横溝家住宅・旧松木家住宅・黒木のフジ〔素盞嗚神社〕）［車20分］上陽ひふみよ橋［車30分］八女 IC

モデルコース３：アート・文学コース（所要時間：約６時間）
八女 IC［車10分］八女伝統工芸館・うなぎの寝床・坂本繁二郎資料室・山本健吉資料室［車20分］旧大内邸［車20分］田崎廣助美術館［車30分］旧隈本家住宅［車30分］杣のふるさと文化館［車５分］八女津媛神社［車60分］八女 IC

32 水郷柳川散歩

柳川市・みやま市

■柳川城跡

戦国末期、南筑後の国衆・蒲池《かまち》氏は、上蒲池と下蒲池の両家に分立した。上蒲池の祖・能久《よしひさ》は山下城（八女市立花町北山）を築いた。下蒲池の祖は重久《しげひさ》であるが、『筑後将士軍談《ちくごしょうしぐんだん》』によれば、その後裔の鑑盛《あきもり》が永禄年間（一五五八－七〇）に蒲池城の砦を整備して本城としたという。これが柳川城である。

天正六（一五七八）年、大友氏に従って耳川《みみがわ》の合戦で活躍していた鑑盛が戦死すると、その子・鎮並《しげなみ》は佐賀の龍造寺氏へ心を寄せた。しかし、同八年に再び大友氏に従ったため龍造寺氏に柳川城を攻められた。田尻氏の仲介で和議となったが、龍造寺氏は鎮並を佐賀におびき寄せ謀殺した。こうして一時、龍造寺氏が柳川城を占拠した。

天正十五年、秀吉の九州平定後、立花宗茂《むねしげ》が山門《やまと》・下妻《しもつま》・三潴《みずま》三郡のうち十三万二二〇〇石を与えられ、柳川城を居城とし、城の改修工事を行った。しかし、関ケ原の戦いで西軍に味方した宗茂は改易となり、柳川城を明け渡した。

慶長六（一六〇一）年、筑後一国三十二万五千石の国主として柳川城に入部した田中吉政は、立花氏の旧柳川城を拡張し、本丸には五層の天守や櫓《やぐら》を設け、本丸に隣接して二の丸を東西に延ばし、それを内堀で囲み、その外側に「御城内」と呼ばれる家中屋敷を置いた。また、その外に町屋を置き、それにまた堀を巡らせるという、総郭《そうぐるわ》型構造の城郭を構営した。城域は東西二km、南北四kmである。

田中氏は、吉政の子・忠政が元和六（一六二〇）年に没し、世嗣《せし》断絶のため除封となった。同年、陸奥棚倉《たなくら》三万石の城主・立花宗茂が十万九六四七石余の大名として柳川城に再封、以後立花氏が維新まで居城とした。明治五（一八七二）年一月十八日、柳川城は炎上した。

現在は、「へそくり山」と愛称される本丸跡が柳城《りゅうじょう》中学校の校庭隅にわずかに面影を留めている。

■御花《おはな》

元文三（一七三八）年、五代柳川藩主・立花貞俶《さだよし》は、藩主の居屋敷を二の丸から御花畠《おはなばたけ》（新外町）へ移築した。柳川の人々はこれを「御花」と呼んだ。創設当時の庭は、東庭園に若干面影を

柳川城本丸跡

留めている。園庭の松二八〇本、庭石一五〇〇、石灯籠十四。冬には五百羽に及ぶ野鴨の群れが飛来する。邸内や史料館には、歴代藩主ゆかりの甲冑《かっちゅう》や能衣装、雛人形、金甲《きんこう》（朝鮮出兵時、藩士が着用した金色の甲《かぶと》）、古文書などが展示されている。平成二十三年、御花全域が「立花氏庭園」として国の名勝に指定された。

御花の庭園・松濤園（しょうとうえん）

川下り

慶長六年、柳川城に入封した田中吉政は、柳川地方が低湿地帯であることを活かし、矢部川と分流・沖端《おきのはた》川や導水路から水を引き、防御と利水・治水の役割を兼ねた堀割《ほりわり》を城下や郭外に縦横に走らせ、「水の都」として整備した。矢部川右岸の御倉ケ浜から瀬高蔵の年貢米や物資を積んだ荷舟は、沖端川や堀割水門を経由し、城下の田町蔵や三の丸蔵の舟着き場に着岸した。この荷舟を「堀舟」と呼んだ。

現在、旧城下の堀割は、川下りコースとして活用されている。昭和三十年に始まった川下りの「どんこ舟」は、三月一日の川開きから活動を開始する。春の「おひな様水上パレード」、夏の「納涼舟」、秋の「観月舟」、冬の「こたつ舟」と、四季折々の舟遊びを楽しむことができる。また、夜の「灯り舟」も幻想的で風雅である。現在、三《み》柱《はしら》神社周辺には五カ所の乗船場がある。川下りのコース沿いには、柳川古文書館、芥川賞を受賞した長谷健や直木賞作家・檀一雄、国文学者・藤村作《つくる》の顕彰碑、白秋の文学碑、田中吉政の銅像などがある。

北原白秋生家

柳川の川下りの沖端舟着場の近くに北原白秋生家がある。明治十八年、白秋は南関《なんかん》（熊本県玉名郡）の母の実家

川下りは水郷柳川を象徴する風景

・石井邸で生まれ、隆吉と名づけられた。生後間もなく、父の待つ沖端の北原家に戻り、十九歳までここで過ごした。北原家は、魚や乾物などを商う藩御用達の海産物問屋で、屋号を「古問《ふっどい》屋《や》」と呼んだ。祖父の代に酒造業を始め、父も家業を継いだ。

明治三十四年三月、沖端の大火で類焼し、母屋と穀倉一つだけが残った。この大火で家業が傾き、白秋は中学伝習館を退学して上京した。昭和四十四年、補修復元。なまこ壁の軒をくぐると、室内に白秋ゆかりの青いランプや硯《すずり》、万年筆、眼鏡、原稿や写真などが展示されている。同六十年、生誕百年を記念して、生家の裏に北原白秋記念館（柳川市立歴史民俗資料館）がつくられた。

北原白秋生家。昭和44年に復元されたもの

うなぎ

堀割に浮かぶ柳川は、「水の都」（水郷）である。江戸期、柳川藩では、うなぎ掻き猟には鑑札《かんさつ》が必要で、漁師は「鰻掻船札《うなぎかきぶねふだ》」として運上銀を藩に納めた。つまり、柳川藩では、うなぎ猟は猟方《りょうかた》役所の統制下にあった。そして柳川藩の特産品のうなぎは大坂の川魚問屋にも移出された。

柳川では、うなぎの「蒸籠《せいろ》蒸し」が主流であるが、天和元（一六八一）年創業の老舗うなぎ屋をはじめ、現在、二十数軒のうなぎ料理店があり、年間一二〇万匹のうなぎが消費される。毎年七月中旬、日吉神社（柳川市坂本町）の庭苑にある「うなぎ供養碑」の前で、堀割へのうなぎ放流と供養が行われる。

ちょっと足をのばして

石神山《せきじんざん》古墳

明治四十四年、三池郡高田町上楠田（現みやま市）の標高七〇ｍの石神山を開墾中、舟形石棺三基が出土した。この石神山古墳（国指定史跡）は、五世紀中頃の全長二六ｍの前方後円墳で、発見当時、墳丘には円筒埴輪や朝顔型埴輪が飾られ、石棺内には剣の破片、

女山神籠石（みやま市教育委員会提供）

銅器、銅釧《どうせん》（銅製の腕輪）があったという記録が残る。一番大きい石棺の上に、高さ一・一mの阿蘇溶岩を丸彫りした武装石人（国指定重要文化財）一体が立っていた。

■女山神籠石《ぞやまこうごいし》

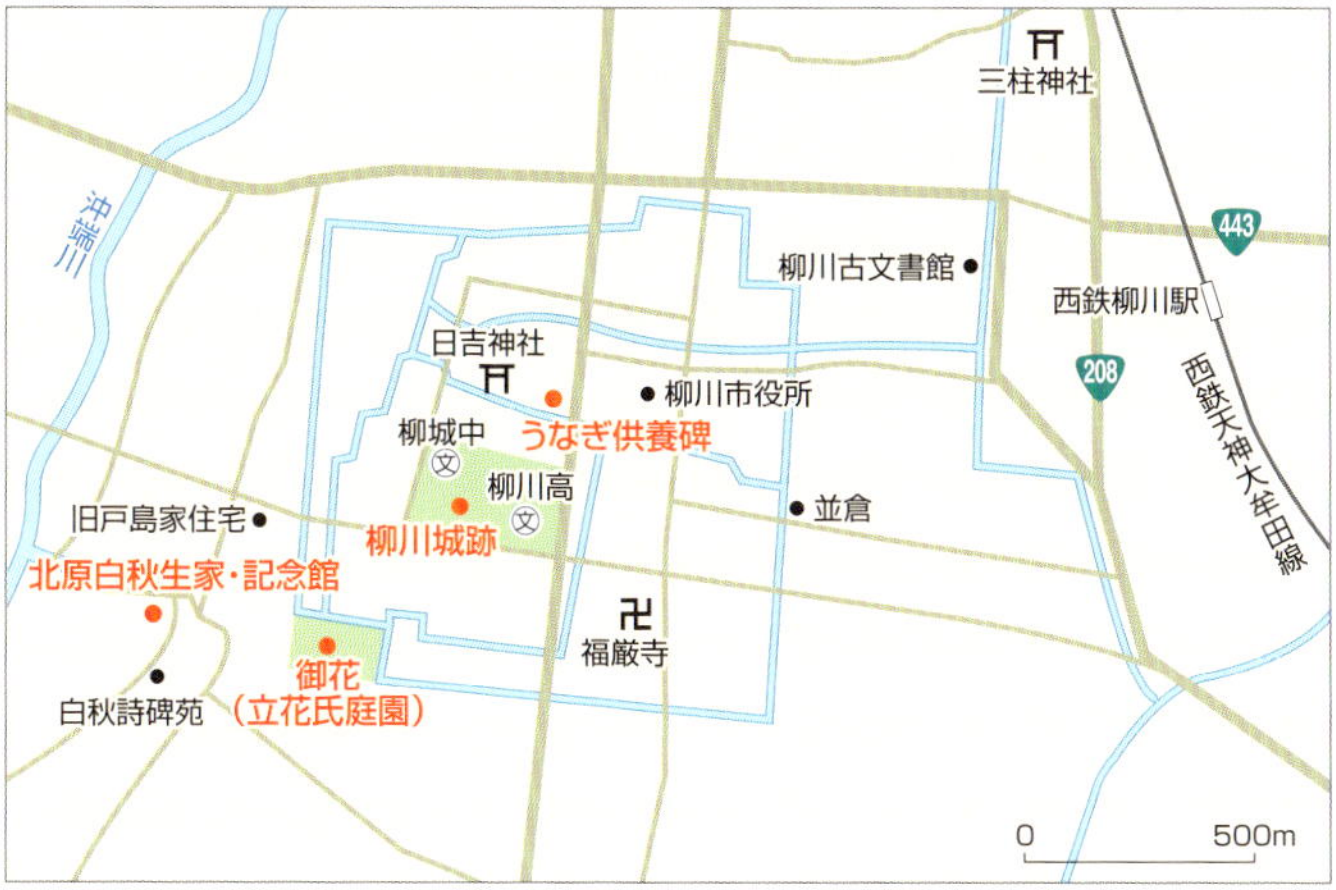

モデルコース（所要時間：約４時間）
西鉄柳川駅［徒歩５分］川下り乗場［徒歩20分］うなぎ供養碑（日吉神社庭苑）［徒歩10分］柳川城跡［徒歩５分］御花［徒歩５分］北原白秋生家［徒歩40分］西鉄柳川駅

みやま市瀬高町の東部にある古塚山《こづかやま》を中心に、およそ七〇cmの方形の礫岩《れきがん》の列石が、その一部に自然石を交え、全長三kmにわたって、ほぼ馬蹄形に並んでいる。「女山神籠石」と呼ばれるもので、七世紀につくられた神籠石式山城と思われる。列石に囲まれた谷には水門がつくられている。昭和十年の水門と列石の調査で、北より横尾寺谷（粥餅《かゆもち》谷）、長谷、源吾谷、産《う》女《め》谷の四カ所に築かれた水門と七六六個の列石が確認された。

■清水寺本坊庭園《きよみずでらほんぼう》

みやま市の瀬高町と山川町の境界に標高三五〇・五mの清水山がある。この山の中腹に天台宗の古刹・清水寺がある。大同元（八〇六）年、延暦寺末寺として最澄が開山したと伝える。清水寺より五〇〇mほど下がった所に清水寺本坊庭園がある。愛宕山《あたごやま》を借景《しゃっけい》とし、滝や心字《しんじ》池と小島、木立、苔などをあしらったこの庭園（国指定名勝）は、雪舟作といわれる。［半田］

清水寺本坊庭園。新緑や紅葉、雪化粧と四季折々に美しい姿を見せる

33 三池の産業革命遺産

大牟田市

福岡県大牟田市と熊本県荒尾市にまたがる三池炭鉱は、各方面にわたり日本の近代化を支え、産業発展に寄与した。明治期には石炭産業一連のシステムが完成し、その多くが市内各所に現存する。このうち、明治期の坑口であり、主要施設が建造物、遺跡として現存する宮原坑、万田坑、積出港である三池港、それらを結ぶ運炭路である専用鉄道敷跡からなる「三池炭鉱・三池港」を含む、八県十一市二十三構成資産からなる「明治日本の産業革命遺産　製鉄・製鋼、造船、石炭産業」が平成二十七年七月八日、第三十九回世界遺産委員会において世界文化遺産に登録された。本項では世界遺産に登録された「三池炭鉱・三池港」を中心として、三池に残る近代化遺産を紹介する。

宮原坑

宮原坑は三井が三池炭鉱買収後、最初に開発した坑口である。三池炭鉱の排水問題は勝立《かつだち》坑に導入した英国デビー社製蒸気排水ポンプ（通称「デビーポンプ」）によりひとまず解消したが、根本的な排水問題を解決するため、開削当初より排水を主目的として企画されたのが宮原坑である。明治二十八（一八九五）年から第一竪坑の開削に着手、二基の竪坑が開削された。人馬昇降、排水を主目的とした第二竪坑には三池炭鉱初の鋼鉄製櫓《やぐら》が設置された。この竪坑櫓は国内に現存する最古の鋼鉄製竪坑櫓である。デビーポンプは両竪坑に二基ずつ、合計四基設置されたが現存せず、第二竪坑に設けられたデビーポンプ室の壁がその存在を今に語る。宮原坑は国史跡、重要文化財に指定されている。

宮原坑の竪坑櫓。高さ22mで２基の昇降機を備えていた

万田坑

万田坑は宮原坑に次いで企画された坑口である。明治期最大規模を誇る坑口であり、現在も明治から昭和にかけて整備された採炭施設が現存する。明

治三十年から開削に着手し、昭和二十六年の出炭中止まで三池炭鉱の主力坑口の一つとして機能した。第二竪坑関連施設は煉瓦造り建造物がよく残っており、明治期のレトロな雰囲気も相まって映画やテレビのロケ地としても人気がある。第二竪坑には人馬昇降のための鋼鉄製竪坑櫓と巻揚機室、坑内排気のためウォーカー式扇風機を設置した旧扇風機室及び機械室、設備更新によりラトー式扇風機を設置した新扇風機室の煉瓦造り建造物が機能的に配置されている。また、第一竪坑については建造物はほとんど撤去されているが、揚炭《ようたん》を主目的とした竪坑は閉塞されずに現存している。また竪坑櫓基礎をはじめ巻揚機室やデビーポンプ室などの基礎は考古遺跡として地下に現存していることが発掘調査により明らかとなっている。旧構内に設置されている万田坑ステーションでは万田坑最盛期の姿を復元したジオラマや写真パネルなどが展示されており、入坑前にぜひ立ち寄っていただきたい。国史跡、重要文化財。

万田坑の巻揚機室（上）と旧扇風機機械室

■三池港・旧長崎税関三池税関支署

宮原坑や万田坑など坑口から採炭された石炭は、三池炭鉱専用鉄道（国史跡）により積出港である三池港へと運ばれた。三池港は干満差が激しい有明海に面した三池の地に大型船が着岸できるように築港された人工の港湾である。航路への海砂の流入を防ぐために設けられた全長約一・七kmにも及ぶ長大な防砂堤、潮待ちのために設けられた内港、そして干満差に関係なく一万トン級の船舶三隻が同時に着岸でき、常時石炭の積み込みを可能とした閘門《こうもん》式船渠《せんきょ》を計画的に配置し、上空から見ると羽ばたく鳥のようにも見える優美な形状を持つ港となった。三池港の特徴は船渠に設けられた閘門施設で、航路閘門、閘門操作室などが建

三池港のスルースゲート。築港当時のシステムのまま現在も稼働している

旧長崎税関三池税関支署

つ中島、井堰《いせき》（スルースゲート）が築港当時のままのシステムを維持し、現在も稼働している。システムや素材を含め、英国の技術がふんだんに盛り込まれている。

旧長崎税関三池税関支署は三池港の輸出入を司るための施設で、三池港開港と同時に開庁した。西洋風木造建築で機能の更新とともに増改築が行われたが、平成二十三－二十四年に修理が行われ、明治期開庁当時の姿に甦った。

旧三井港倶楽部

三池港に寄港する海外の高級船員の宿泊や三井の要人のために設けられた迎賓施設であり、三池港開港と同時、明治四十一年に竣工した。当初洋館・和館からなったが、洋館のみが現存している。ハーフチンバーのデザインが特徴的である。現在ではレストランや結婚式場として利用されている。

石炭産業科学館

三池炭鉱の歴史と炭鉱技術の歩みなどを実物資料やパネル、模型などで解説している。炭鉱坑内の疑似体験ができるダイナミックトンネルでは、大型機械類が実際に稼働し、採炭現場の雰囲気を味わうことができる。

ちょっと足をのばして

宮浦坑（宮浦石炭記念公園）

明治時代、官営期の最後に開坑した坑口。現在は宮浦石炭記念公園として整備され、大斜坑《だいしゃこう》の坑口跡が整備されれているほか、明治二十一年に建設された煉瓦造りの汽罐場《きかんば》煙突（国登録有形文化財）が現存する。数多く存在した三池炭鉱の煙突の中で現存するものはこの煙突だけである。

大牟田市役所

福岡県営繕課の設計により昭和十一年に建てられた市庁舎。壁面は当時流行したスクラッチタイル張りであったが、現在は撤去されている。中央部に

旧三井港倶楽部

塔屋を持つ独特の建築は、同時期に設計された旧戸畑市役所（現戸畑図書館）と似た外観を持つ。屋上に設けられた防空監視所が戦時下の大牟田の歴史を静かに物語っている。国登録有形文化財。

■普光寺《ふこうじ》（臥龍梅《がりゅうばい》）

天台宗の古刹・普光寺の境内にある「臥龍梅」。全長およそ二四mを測る。地を這う龍のようであることからその名が付けられた。八重咲きの紅梅で、樹齢は推定でおよそ四五〇年。昭和三十三年に福岡県の天然記念物に指定されている。［森井］

モデルコース１：宮原坑・万田坑コース（所要時間：約３時間）
西鉄大牟田駅［バス10分］西鉄バス早鐘（はやがね）眼鏡橋停留所［徒歩15分］宮原坑［徒歩30分］万田坑［徒歩５分］産交バス万田坑前停留所［バス８分］JR 荒尾駅

モデルコース１：三池港周辺コース（所要時間：約３時間）
JR 大牟田駅・西鉄大牟田駅［バス10分］西鉄バス三川町１丁目停留所［徒歩５分］旧三井港倶楽部［徒歩５分］三池港（展望所）［徒歩５分］旧長崎税関三池税関支署［徒歩10分］西鉄バス三川町４丁目停留所［バス15分］JR 大牟田駅・西鉄大牟田駅（西鉄バス駅西口停留所）［バス６分］西鉄バス帝京大学福岡キャンパス停留所［徒歩３分］石炭産業科学館［徒歩３分］西鉄バス帝京大学福岡キャンパス停留所［バス６分］西鉄バス駅西口停留所（JR 大牟田駅・西鉄大牟田駅）

大牟田市役所

『アクロス福岡文化誌』刊行について

古来よりアジアと九州を結ぶ海路の玄関口、文明の交差点として栄えてきた福岡は、大陸文化の摂取・受容など文化交流の面で先進的な役割を果たしてきました。

「文化」とは時代が変化していく中で育まれた「ゆとり」「安らぎ」など心の豊かさの副産物、つまり精神充実の賜物であり、国や地域、そこで生活する人々を象徴しています。そして、文学、歴史、学問、芸術、宗教・信仰、民俗、芸能、工芸、旅、食など様々な分野へと発展し、人類の貴重な財産として受け継がれてきました。

科学や情報技術が進歩し、心の豊かさが求められている現在、「文化」の持つ意味・役割に改めて注目し、その保存・継承、充実を図ることは、日本社会を活性化するための重要な鍵になると考えます。

この『アクロス福岡文化誌』は公益財団法人アクロス福岡が進める文化振興事業の一環として、福岡の地域文化、伝統文化の掘り起こしや継承、保存活動の促進を目的に刊行するものです。また、福岡に軸足を置きつつ、九州、アジアにも目を向け、ふるさとの文化を幅広く紹介し、後世に伝えていきたいと考えています。

この文化誌が地域活性化の一助、そしてアジア―九州―福岡をつなぐ文化活動の架け橋になれば幸いです。

アクロス福岡文化誌編纂委員会 会長　丸山雍成

公益財団法人アクロス福岡 代表理事　本田正寛

アクロス福岡文化誌10
福岡県歴史散歩
■
2016年３月31日　第１刷発行
■
編者　アクロス福岡文化誌編纂委員会
■
発行所　公益財団法人アクロス福岡
〒810-0001　福岡市中央区天神１丁目１番１号
電話092(725)9115　FAX092(725)9102
http://www.acros.or.jp
発売　有限会社海鳥社
〒812-0023　福岡市博多区奈良屋町13番４号
電話092(272)0120　FAX092(272)0121
印刷・製本　大村印刷株式会社
ISBN 978-4-87415-969-9
http://www.kaichosha-f.co.jp
［定価は表紙カバーに表示］

執筆者一覧

宮井善朗（福岡市経済観光文化局文化財部大規模史跡整備推進課）
水野哲雄（福岡市経済観光文化局文化財部文化財保護課）
江上智恵（久山町教育委員会教育課）
三嶋直子（糸島市シティセールス課）
岡寺未幾（福岡県総合政策課世界遺産登録推進室）
清原倫子（福岡女学院大学生涯学習センター講師）
竹川克幸（西日本新聞ＴＮＣ文化サークルふるさと歴史散歩講師／日本経済大学講師）
冨田孝浩（北九州市八幡西区役所保護第一課）
川本英紀（みやこ町歴史民俗博物館）
栗焼憲児（豊前市総合政策課）
森本弘行（田川市教育委員会教育総務課）
岩本教之（添田町まちづくり課）
須佐弘美（小郡市教育委員会文化財課嘱託）
穴井綾香（久留米市市民文化部文化財保護課）
丸林禎彦（久留米市市民文化部文化財保護課）
江島尚子（うきは市教育委員会生涯学習課）
半田隆夫（福岡女学院大学生涯学習センター講師）
大塚恵治（八女市教育委員会文化課）
大島真一郎（八女市企画振興部地域づくり・文化振興課）
森井啓次（福岡県総合政策課世界遺産登録推進室）

アクロス福岡文化誌編纂委員会

福岡県の歴史ガイドブック

福岡県歴史教育者協議会編『福岡歴史散歩　北九州・筑後コース』歴史散歩刊行会、1981年
『ふくおかふるさと再発見』福岡県市町村行財政研究協会、1988年
香月靖晴他著『筑豊を歩く　身近な自然と歴史のハイキング』海鳥社、1996年
『福岡県文化百選9　歴史散歩編』西日本新聞社、1996年
松本廣責任編集『筑豊原色図鑑　筑豊を知ることは日本を知ることになる！』筑豊千人会、1997年
『福岡市文化財ガイドブック』福岡市教育委員会、1997年
『ふくおか遊歩BOOK　福岡県観光ルート100選』福岡県観光連盟、1997年
石井忠他著『福岡を歩く　新版』葦書房、2000年
森弘子『宝満山歴史散歩』葦書房、2000年
『九州文化図録撰書1　大里・小倉と筑前六宿』のぶ工房、2000年
嶋田光一『ふるさといいづか　歴史のさんぽみち』一・二、フジキ印刷、2001・2003年
香春町郷土史会編者『香春町歴史探訪』香春町教育委員会、2003年
福岡県高等学校歴史研究会編『博多・太宰府散歩24コース』山川出版社、2003年
『とおのこが風土記』太宰府市通古賀区、2003年
京築の会編『京築を歩く　わが町再発見・全60コース』海鳥社、2005年
宮崎克則・福岡アーカイブ研究会編『古地図の中の福岡・博多　1800年頃の町並み』海鳥社、2005年
北九州地域史研究会編『北九州の近代化遺産』弦書房、2006年
九州産業考古学会編『福岡の近代化遺産』弦書房、2008年
筑豊近代遺産研究会編『筑豊の近代化遺産』弦書房、2008年
福岡県高等学校歴史研究会編『福岡県の歴史散歩』山川出版社、2008年
『郷土の文化財』久留米市教育委員会、2008年
空閑龍二『福岡歴史がめ煮』博多区・中央区編／東区編、海鳥社、2009・2010年
福岡歴史遊学の会『福岡歴史探訪ウォーキング　県内各地で気軽に楽しめるルートガイド』メイツ出版、2009年
『北九州市史跡ガイドブック』北九州市教育委員会、2009年
『福岡散歩マップ』成美堂出版、2009年
九州産業考古学会筑後調査班編『筑後の近代化遺産』弦書房、2011年
兵土剛『ぶらぶら福岡まちあるき　歴史さんぽ編』書肆侃侃房、2011年
森弘子監修・古都大宰府保存協会編『太宰府紀行』海鳥社、2011年
『ぶらっと散歩コース　福岡』昭文社、2011年
福岡県高等学校地理研究会編『福岡県の魅力を探る旅』光文館、2012年
福岡市博物館監修『福岡博覧』海鳥社、2013年
日高三朗・保坂晃孝『博多　旧町名歴史散歩』西日本新聞社、2014年
月刊はかた編集室『古地図で歩く福岡　歴史探訪ガイド』メイツ出版、2015年
前野りりえ『麗し太宰府』書肆侃侃房、2015年
Y氏（山田孝之）『福岡路上遺産　身近に残る歴史の痕跡』海鳥社、2016年

福岡県の博物館・資料館ガイド

福岡地区

福岡市博物館	
福岡市早良区百道浜３-１-１ ☎ 092-845-5011	志賀島で出土した「漢委奴国王」金印をはじめ、福岡藩主・黒田家の資料など、多数の歴史資料を収蔵・展示

「博多町家」ふるさと館	
福岡市博多区冷泉町６-10 ☎ 092-281-7761	明治・大正時代の博多の暮らしと文化を紹介する施設。博多織や博多人形など伝統工芸品の展示や実演もある

博多歴史館（櫛田神社内）	
福岡市博多区上川端町１-41 ☎ 092-291-2951	櫛田神社境内にあり、博多祇園山笠と博多の町の歴史を紹介する施設。貴重な古文書や刀剣類なども展示

鴻臚館跡展示館	
福岡市中央区城内１-１ ☎ 092-721-0282	鴻臚館は古代の迎賓館跡。展示館では建物の模型が展示され、遺構の一部や出土品を見学することができる

福岡城むかし探訪館	
福岡市中央区城内１-４ ☎ 092-732-4801	福岡城の復元模型や古地図などを展示。福岡城をCGで再現したバーチャルムービーのリアルな映像は圧巻

元寇史料館	
福岡市博多区東公園７-11 ☎ 092-651-1259	東公園内にある元寇に関する史料館で、両国の武具や絵巻物などを展示している。見学は事前予約が必要

福岡市埋蔵文化財センター	
福岡市博多区井相田２-１-94 ☎ 092-571-2921	遺物そのものだけではなく、保存処理の様子も見学できる。各地の調査報告書などが並ぶ図書室も利用可能

金隈遺跡展示館	
福岡市博多区金隈１-39-52 ☎ 092-503-5484	金隈遺跡は弥生時代の共同墓地遺跡。展示館では甕棺墓100基以上が発掘当時の姿のまま展示されている

板付遺跡弥生館	
福岡市博多区板付３-21-１ ☎ 092-592-4936	日本最古級の稲作集落跡の板付遺跡を復元した「板付弥生のムラ」に併設。稲作の歴史を学ぶことができる

しかのしま資料館	
福岡市東区勝馬1803-１ ☎ 092-603-6631（休暇村代表電話）	金印出土や元寇など様々な歴史の舞台となった志賀島の資料館。考古資料のほか民具などの民俗資料も展示

能古博物館	
福岡市西区能古522-2 ☎ 092-883-2887	能古島や博多湾の歴史・文化・自然資料を展示。特に福岡藩の儒学者・亀井南冥の関連資料が充実している
伊都国歴史博物館	
糸島市井原916 ☎ 092-322-7083	内行花文鏡をはじめとする伊都国関連の考古資料を多数展示。近隣の平原歴史公園には墳丘が復元されている
志摩歴史資料館	
糸島市志摩初1 ☎ 092-327-4422	旧志摩町から出土した考古資料を研究・展示する施設。交易・信仰・漁業・墓制など８つのテーマ別に展示
宗像大社神宝館	
宗像市田島2331 ☎ 0940-62-1311	沖ノ島の祭祀遺跡から出土した鏡・装身具・武具・馬具など、約８万点の国宝を含む貴重な文化財を収蔵・展示
海の道むなかた館	
宗像市深田588 ☎ 0940-62-2600	宗像の歴史を辿る展示のほか、様々な体験学習も行っている。３Ｄ映像で沖ノ島の神秘的な世界を体感できる
古賀市立歴史資料館（サンフレアこが内）	
古賀市中央2-13-1 ☎ 092-944-6214	船原古墳群、永浦古墳群、鹿部田渕遺跡などの関連資料をはじめ、市内の歴史・民俗資料を展示している
新宮町立歴史資料館（シーオーレ新宮内）	
糟屋郡新宮町下府425-1 ☎ 092-962-5511	夜臼遺跡や横大路家住宅（千年家）、相島の朝鮮通信使など、新宮町の歴史や文化を展示・紹介する施設
粕屋町立歴史資料館（粕屋フォーラム内）	
糟屋郡粕屋町若宮1-1-1 ☎ 092-939-2984	平塚古墳や戸原王塚古墳の出土品などの考古資料を中心に、粕屋町の歴史資料を収蔵・展示している
篠栗町歴史民俗資料室	
糟屋郡篠栗町篠栗4754 ☎ 092-947-1790	若杉山や篠栗八十八カ所霊場の信仰に関する資料や貝原益軒の関係資料など、町の歴史・文化を紹介する施設
須恵町立歴史民俗資料館	
糟屋郡須恵町上須恵21-3 ☎ 092-932-6312	皿山公園の中にある展示施設で、眼療宿場・目薬や須恵焼、炭鉱関連の資料をはじめ歴史・民俗資料を多数展示
志免町歴史資料室	
糟屋郡志免町志免中央1-2-1 ☎ 092-935-7142	七夕池古墳の出土品を中心とする考古資料や、志免の産業の中心であった炭鉱関連の資料などを展示している

宇美町立歴史民俗資料館	
糟屋郡宇美町宇美 1 - 1 -22 ☎ 092-932-0011	近隣の光正寺古墳をはじめとする遺跡の出土品を展示。同古墳は光正寺古墳公園として整備・復元されている
春日市奴国の丘歴史資料館	
春日市岡本 3 -57 ☎ 092-501-1144	須玖岡本遺跡をはじめ春日市内の遺跡の出土品や民俗資料を展示。周囲は歴史公園として整備されている
大野城市歴史資料展示室（大野城市役所内）	
大野城市曙町 2 - 2 - 1 ☎ 092-580-1918	市庁舎の３階にある展示室。約2000年前の中国・新の時代の青銅製貨幣「貨布」をはじめ貴重な資料を展示
九州国立博物館	
太宰府市石坂 4 - 7 - 2 ☎ 050-5542-8600	コンセプトは「日本文化の形成をアジア史的観点から捉える」。バックヤードツアーや様々なイベントも人気
大宰府展示館	
太宰府市観世音寺 4 - 6 - 1 ☎ 092-922-7811	大宰府政庁跡に隣接する展示館。出土品や模型を陳列し、大宰府の歴史をわかりやすく紹介している
太宰府市文化ふれあい館	
太宰府市国分 4 - 9 - 1 ☎ 092-928-0800	「太宰府の歴史や文化」をテーマに太宰府及び周辺の歴史・民俗資料を展示。歴史講座なども開催している
太宰府天満宮宝物殿	
太宰府市宰府 4 - 7 - 1 ☎ 092-922-8225	太宰府天満宮境内にあり、国宝『翰苑』をはじめ、天満宮や菅原道真ゆかりの資料約５万点を収蔵・展示する
観世音寺宝蔵	
太宰府市観世音寺 5 - 6 - 1 ☎ 092-922-1811	平安－鎌倉時代の仏像や石造狛犬、舞楽面などの重要文化財を展示。５m前後の観音像が立ち並ぶ様は圧巻
筑紫野市歴史博物館（ふるさと館ちくしの）	
筑紫野市二日市南 1 - 9 - 1 ☎ 092-922-1911	「交易と旅」をテーマに、古くから交通の要衝であった地域の歴史・民俗・美術資料を展示している
五郎山古墳館	
筑紫野市原田 3 - 9 - 5 ☎ 092-927-3655	装飾古墳として著名な五郎山古墳に隣接する展示館。原寸大の石室模型があり、ビデオやパネルで壁画を解説
朝倉市秋月郷土館	
朝倉市秋月野鳥532- 2 ☎ 0946-25-0405	旧秋月藩士・戸波家の屋敷跡にある施設で郷土の歴史資料を展示。北側の藩校・稽古館跡地に郷土美術館を併設

甘木歴史資料館	
朝倉市甘木216-2 ☎ 0946-22-7515	甘木・朝倉地方を中心とした歴史・民俗資料を展示。特に平塚・川添遺跡や仙道古墳などの出土品が充実
平塚川添遺跡公園体験学習館	
朝倉市平塚444-4 ☎ 0946-21-7966	遺跡公園内には竪穴住居、高床倉庫を中心とする環濠集落を復元。勾玉づくり、火おこしなどの体験もできる
筑前町立大刀洗平和記念館	
朝倉郡筑前町高田2561-1 ☎ 0946-23-1227	戦前、東洋一と謳われた旧陸軍大刀洗飛行場と関連施設の概要、空襲や特攻の歴史を伝える貴重な資料を展示
筑前町歴史民俗資料室	
朝倉郡筑前町新町450 ☎ 0946-22-3385（町教育課）	国指定史跡の仙道古墳をはじめ、町の古墳や遺跡から出土した多数の考古資料を展示している。見学は要予約
北 九 州 地 区	
北九州市立いのちのたび博物館（自然史・歴史博物館）	
北九州市八幡東区東田2-4-1 ☎ 093-681-1011	楽しみながら学べるよう工夫された展示が特長。考古資料などの展示はもちろん映像による解説コーナーも充実
北九州市立埋蔵文化財センター	
北九州市小倉北区金田1-1-3 ☎ 093-582-0941	市内の発掘調査・整理に加え、速報展などの普及活動を行っている。土器や木簡類を見学することができる
北九州市立長崎街道木屋瀬宿記念館（みちの郷土史料館）	
北九州市八幡西区木屋瀬3-16-26 ☎ 093-619-1149	長崎街道の宿場町であった木屋瀬宿に関する歴史・民俗資料を中心に展示。多目的ホール「こやのせ座」も併設
苅田町歴史資料館	
苅田町富久町1-19-1 ☎ 093-434-1982	石塚山古墳や御所山古墳の出土品をはじめ、旧石器時代－中世を中心とする考古資料を収蔵・展示している
行橋市歴史資料館（コスメイト行橋内）	
行橋市中央1-9-3 ☎ 0930-25-3133	御所ケ谷神籠石などの古代山城、椿市廃寺などの仏教文化をはじめ、京都平野の歴史をテーマ別に展示している
みやこ町歴史民俗博物館	
京都郡みやこ町豊津1122-13 ☎ 0930-33-4666	「みやこ町の土の中」「先人の殿堂」など6つのテーマ別に展示。豊前国府や古代寺院関連の展示が充実
船迫窯跡公園体験学習館	
築上郡築上町船迫1342-22 ☎ 0930-52-3771	須恵器や古代瓦を焼いた窯跡が調査時のままの状態で展示されている。体験学習館では陶芸体験もできる

求菩提資料館	
豊前市鳥井畑247 ☎ 0979-88-3203	求菩提山修験道に関する考古資料や古文書、山伏の生活に関する民俗資料などを収蔵・展示している

豊前市立埋蔵文化財センター	
豊前市八屋1776-２ ☎ 0979-82-5287	市内で出土した資料を整理・保管・公開する施設。常設展では旧石器時代から近代まで体系的に展示している

上毛町歴史民俗資料館	
築上郡上毛町安雲840 ☎ 0979-72-4719	英彦山六峰の一つ松尾山の修験道に関連する歴史資料、農業関連の民俗資料などを収蔵・展示している

芦屋町歴史民俗資料館（芦屋歴史の里）	
遠賀郡芦屋町山鹿1200 ☎ 093-222-2555	山鹿貝塚の出土品、「芦屋千軒」と称された町の賑わいを伝える資料などを展示。近くに「芦屋釜の里」がある

水巻町歴史資料館	
遠賀郡水巻町古賀３-18-１ ☎ 093-201-0999	立屋敷遺跡の出土品の展示など、水巻町を中心とする遠賀川下流域の自然・歴史・文化を紹介している

遠賀町民俗資料館	
遠賀郡遠賀町浅木２-31-１ ☎ 093-293-2030	遠賀町ふれあいの里敷地内にあり、遠賀川流域の農耕の歴史や文化についての貴重な資料が展示されている

中間市歴史民俗資料館	
中間市垣生660-１ ☎ 093-245-4665	考古・民俗・石炭の３つのコーナーに分かれた常設展示で、中間市の歴史と文化をわかりやすく紹介している

筑豊地区

宮若市石炭記念館	
宮若市上大隈573 ☎ 0949-32-0404	旧大之浦小学校の校舎を活用し、筑豊最後の炭鉱となった貝島炭鉱を中心に、石炭産業の関連資料を展示

鞍手町歴史民俗博物館	
鞍手郡鞍手町小牧2097 ☎ 0949-42-3200	国学者・伊藤常足の業績を伝える資料をはじめ、歴史・民俗資料を多数展示。石炭資料展示場も併設されている

直方市石炭記念館	
直方市直方692-４ ☎ 0949-25-2243	旧筑豊石炭鉱業組合会議所のレトロな建物を利用。写真や絵画のほか、掘削用大型機械や訓練用坑道なども展示

飯塚市歴史資料館	
飯塚市柏の森959-１ ☎ 0948-25-2930	立岩遺跡の出土品、飯塚宿・内野宿や伊藤伝右衛門・柳原白蓮の関連資料など貴重な歴史・文化資料を多数展示

長崎街道内野宿展示館	
飯塚市内野3313 ☎ 0948-72-5581	大型ビジョンによる長崎街道や冷水峠の紹介、内野家文書など歴史資料の展示や見学案内も行っている
王塚装飾古墳館	
嘉穂郡桂川町寿命376 ☎ 0948-65-2900	国の特別史跡である王塚古墳をはじめ全国の装飾古墳を紹介。豪華絢爛な壁画を再現した石室レプリカは圧巻
嘉麻市碓井郷土館	
嘉麻市上臼井767 ☎ 0948-62-5173	織田廣喜美術館との複合施設。臼井家文書や後藤又兵衛ゆかりの品をはじめ嘉麻市の歴史・民俗資料を展示
田川市石炭・歴史博物館	
田川市伊田2734-1 ☎ 0947-44-5745	炭鉱関連の展示だけではなく、市内の遺跡から出土した石器や土器、埴輪など、考古資料の展示も充実している
糸田町歴史資料館（糸田町町民会館内）	
田川郡糸田町2023-1 ☎ 0947-26-0038	古賀ノ峯遺跡出土の銅戈やナウマンゾウの臼歯化石などの考古資料、町内から集められた民具などを展示
香春町歴史資料館（香春町町民センター内）	
田川郡香春町高野987-1 ☎ 0947-32-8410（町教育委員会）	町のシンボルでもある香春岳で採れる鉱物をはじめ、炭坑やセメント関連の道具、古代遺跡の出土品などを展示
ふるさと館おおとう	
田川郡大任町今任原1666-2 ☎ 0947-41-2055	大任町の歴史・民俗に関する資料を収集・保存・公開する資料館。町内の遺跡の出土品や昔の農機具などを展示
英彦山修験道館	
田川郡添田町英彦山669 ☎ 0947-85-0378	日本三大修験霊場に数えられる英彦山の歴史を紹介する施設。英彦山神宮所蔵の貴重な品々も展示している
筑 後 地 区	
九州歴史資料館	
小郡市三沢5208-3 ☎ 0942-75-9575	福岡県の歴史研究の拠点であり、古代九州を統括した大宰府政庁跡の出土品をはじめ貴重な文化財を多数展示
小郡市埋蔵文化財調査センター（古代体験館おごおり）	
小郡市三沢5147-3 ☎ 0942-75-7555	市内の埋蔵文化財を展示。石器や土器を間近に観察できる。古代体験活動や史跡案内にも力を入れている
久留米市埋蔵文化財センター	
久留米市諏訪野町1830-6 ☎ 0942-34-4995	市内の遺跡から出土した遺物を収蔵・整理・研究するための施設。常設展では様々な遺物を時代ごとに展示
有馬記念館	
久留米市篠山町444 ☎ 0942-39-8485	久留米城の本丸跡に建つ。久留米藩主・有馬家ゆかりの歴史資料や美術工芸品を中心に展示している

草野歴史資料館	
久留米市草野町草野411-1 ☎ 0942-47-4410	建物は明治時代に草野銀行本店として建てられたもので国の登録有形文化財。豪族・草野氏の資料などを展示
うきは市立吉井歴史民俗資料館	
うきは市吉井町983-1 ☎ 0943-75-3343（市教育委員会）	うきは市吉井町の成り立ちをテーマに、月岡古墳や塚堂古墳などの出土品をはじめとする考古資料を展示
うきは市立浮羽歴史民俗資料館	
うきは市浮羽町朝田560-1 ☎ 0943-77-6287	江戸・明治・大正時代の農耕機具、国指定史跡・重定古墳の模写壁画や出土品などを展示している
八女市岩戸山歴史文化交流館（いわいの郷）	
八女市吉田1562-1 ☎ 0943-24-3200	岩戸山古墳をはじめ八女古墳群の出土品を展示するとともに、各種体験事業やイベントなどの情報発信も行う
広川町古墳公園資料館（こふんピア広川）	
八女郡広川町一条1436-2 ☎ 0942-54-1305	石人山古墳に隣接した資料館で、出土品やレプリカを展示。石人山古墳では石室内の装飾石棺を見学できる
筑後市郷土資料館	
筑後市水田17-2 ☎ 0942-53-8246	水田天満宮に隣接する資料館。郷土伝来の農機具や調理用具、製糸用具や染色用具など様々な民具を展示
クリーク資料館	
三潴郡大木町大角1426 ☎ 0944-32-1064（町建設水道課）	クリークの里石丸山公園内にある施設。日本屈指のクリーク地帯であった大木町の歴史を物語る資料を展示
立花家史料館	
柳川市新外町1 ☎ 0944-77-7888	国指定名勝・立花氏庭園内にある史料館。江戸時代を通じて柳川を治めた立花家に伝来する美術工芸品を展示
柳川市立歴史民俗資料館（北原白秋記念館）	
柳川市矢留本町40-11 ☎ 0944-73-8940	水郷柳川の歴史・民俗資料や北原白秋の生涯を紹介。白秋の生家も隣接し、貴重な遺品が展示されている
柳川古文書館	
柳川市隅町71-2 ☎ 0944-72-1037	柳川藩に関する資料をはじめ、柳川を中心とした筑後地方の古文書を収集・整理し、一般に公開している
みやま市歴史資料館（みやま市立図書館内）	
みやま市瀬高町下庄800-1 ☎ 0944-64-1117	みやま市立図書館内にある資料館。矢部川や国指定史跡・女山神籠石など、瀬高地区の歴史を中心にした展示
三池カルタ・歴史資料館	
大牟田市宝坂町2-2-3 ☎ 0944-53-8780	日本のカルタ発祥の地を記念して建てられた三池カルタ記念館と郷土の歴史を伝えてきた歴史資料館が統合した施設

※歴史系の資料が充実している施設を中心に掲載しています。